カント「啓蒙とは何か」批判

CRITIQUE OF WHAT IS ENLIGHTENMENT? BY KANT

「ドイツ観念論の祖」の
功罪を検証する

RYUHO OKAWA
大川隆法

まえがき

カント哲学の難しさには定評がある。それゆえにこそ現代まで「謎《なぞ》」が残って研究する者が絶えない。

本書、『カント「啓蒙とは何か」批判』は、ある意味で近代・現代のやり直しである。「もしカント哲学が、わかり易《やす》い言葉で真理を説いていたら、現代社会は一体どうなっていたか」のシミュレーションである。

私たち「幸福の科学」の活動も、一種の現代の啓蒙であり、政治・経済・国際問題・科学・宗教、いろいろなところでカント思想の末流とぶつかっている。

できるだけ内容を判りやすくするために、哲学の専門用語は避けたが、それでも一定の難しさは残っているだろう。

別にカントの思想全体を否定しているわけではない。カントが中世思想からの離脱に「翼」を与えたことは認めつつも、カントの「批判」に「反批判」を加えたということである。

二〇一四年　十月二十八日

幸福《こうふく》の科学《かがく》グループ創始者兼総裁《そうししゃけんそうさい》
幸福《こうふく》の科学大学創立者《かがくだいがくそうりつしゃ》　大川隆法《おおかわりゅうほう》

カント「啓蒙とは何か」批判　目次

カント「啓蒙《けいもう》とは何か」批判

――「ドイツ観念論の祖」の功罪を検証する――

二〇一四年十月二十五日　霊示《れいじ》

東京都・幸福の科学　教祖殿《きょうそでん》　大悟館《たいごかん》にて

「霊言現象《れいげん》」とは、あの世の霊存在の言葉を語り下ろす現象のことをいう。これは高度な悟《さと》りを開いた者に特有のものであり、「霊媒現象《れいばい》」（トランス状態になって意識を失い、霊が一方的にしゃべる現象）とは異なる。外国人霊の霊言の場合には、霊言現象を行う者の言語中枢《ちゅうすう》から、必要な言葉を選び出し、日本語で語ることも可能である。

なお、「霊言」は、あくまでも霊人の意見であり、幸福の科学グループとしての見解と矛盾《むじゅん》する内容を含《ふく》む場合がある点、付記しておきたい。

カント「啓《けい》蒙《もう》とは何か」批判

――「ドイツ観念論の祖」の功罪を検証する――

二〇一四年十月二十五日　霊示《れいじ》

東京都・幸福の科学　教《きょう》祖《そ》殿《でん》　大《たい》悟《ご》館《かん》にて

イマニエル・カント（一七二四～一八〇四）

ドイツの哲学者《てつがくしゃ》、思想家。『純粋《じゅんすい》理性批判』『実践《じっせん》理性批判』『判断力批判』の三批判書を世に問い、批判哲学を提唱。人間存在の徹底分析《てっていぶんせき》と、独自の世界観の構築をなした。また、フィヒテ、シェリング、ヘーゲルへと展開した、いわゆるドイツ観念論哲学の祖とされ、後の西洋哲学全体に強い影響《えいきょう》を及《およ》ぼした。

質問者　※質問順

酒井太守《さかいたいしゅ》（幸福の科学宗務《しゅうむ》本部担当理事長特別補佐《ほさ》）

綾織次郎《あやおりじろう》（幸福の科学上級理事　兼《けん》「ザ・リバティ」編集長）

磯野将之《いそのまさゆき》（幸福の科学理事　兼　宗務本部海外伝道推進室長　兼　第一秘書局担当局長）

［役職は収録時点のもの］

1 「ドイツ観念論の祖」カントに「啓蒙《けいもう》とは何か」を訊《き》く

「カントの霊言《れいげん》」にまつわる思い出

大川隆法　最近、『デカルトの反省論』（幸福の科学出版刊）を発刊しましたが、今日は、『孔子《こうし》、「怪力乱神《かいりきらんしん》」を語る』という本の原稿《げんこう》の校正をしていました。

やはり、デカルトの霊肉《れいにく》二元論も、孔子の「怪力乱神を語らず」という言葉も、現代の唯物論《ゆいぶつろん》的な学問観や科学観に持っていかれる原因になっていますので、その発信源というか、発祥《はっしょう》のところに問い合わせをして調べたわけです。

ただ、もう一人、カントのことも非常に気になってはいたのです。

カントについては、四年前に、『霊性《れいせい》と教育――公開霊言《れいげん》　ルソー・カント・シュタイナー――』（幸福の科学出版刊）という本を出しました。そのなかで、簡単ながら、カントについての質問をしていますが、これはそう難しい内容のものではありません。

また、初期には、まだ私が会社勤めをしていたころになりますけれども、父親の善川三朗《よしかわさぶろう》編で出していた霊言集のなかの五巻目が『ソクラテスの霊言』であり、そのなかに「カントの霊言」が入っていたと思います（現在は『大川隆法霊言全集第9巻』〔宗教法人幸福の科学刊〕に所収）。ただ、それほど専門的なものではなかったとは思います。

その本が出たのは、ちょうど私が名古屋《なごや》にいたころでしたが、大きな書店に見にいくと、『ソクラテスの霊言』がダーッと積み上げてあり、不思議な感じがしました。〝在家《ざいけ》〟のころだったからなのかもしれませんが、それを見たときに、何か〝金色《きんいろ》の箱〟が積み上がっているような感じがしたのです。それは、霊視《れいし》と言えば霊視でしょう。その周り全体にバーッと磁気のような、〝目に見えない力〟のようなものが出ているのを視《み》て、「わあ、私の本にはこんな力があるんだ」という不思議な感覚が生じました。

ソクラテスは哲学者《てつがく》ではあるのですが、そういう力のようなものが出ているのを視たのです。それで、「このなかには力があるのだな。本は、活字の塊《かたまり》というか、紙と活字なわけだけど、たぶん、その周りに霊的な磁場《じば》ができているはずだ。だから、本を持っているだけで、あるいは、部屋のなかに置いてあるだけで、この世的なものや邪悪《じゃあく》な波動《はどう》とは合わない感じの邪気祓《じゃきばら》い風のエネルギーが出ているのではないか」という感じを受けました。

それ以降、自分が書いた本で、そこまで感じることはあまりないのですけれども、そのときは、たまたま〝在家〟であり、いろいろ問題があったころなのかもしれませんが、山積みになっている本が光っていて、周りに光がワーッと磁力《じりょく》のように出ているのを視て、「すごいなあ。光っているなあ」と感じたことを覚えています。

また、『ソクラテスの霊言』のなかで、カント先生に、「一即多《いっそくた》・多即一《たそくいつ》」的な内容について訊《き》いたところ、「ここに、コーヒーを飲むカントあり。ここに、牝牛《めうし》の乳を搾《しぼ》るカントあり」というようなことを言っていた気がします（笑）。

そのときは、私の兄も健在であり、京大の哲学科を出ていたこともあって、いろいろ質問をしていたのですが、「『ここに、牝牛の乳を搾るカントあり』っていうのは、いかにもカントっぽいなあ。たとえが、カントっぽい」という言い方をしていました。そんなことを覚えています。

近・現代の学問に大きな影響《えいきょう》を与《あた》えているカントの思想

大川隆法　カントについては、霊言の回数は多くはありませんし、それほど宗教的な指導霊《しどうれい》に使う人でもないのですが、やはり近・現代に対する影響力《えいきょうりょく》は非常に大きいでしょう。
特に、最近、学問を再構築しようとしていくなかにおいて、カントの影響力の大きさは抜《ぬ》きがたいものがありますし、大きく誤解されている面もあるのではないかと思います。

むしろ、哲学が難しく、全部が分からないために、〝つまみ食い〟されているというか、自分たちに都合《つごう》のいいように使われているのではないでしょうか。

そういう意味では、難しい思想も困ったもので、誰《だれ》もが分からないことを前提に、自分の都合のよいところだけを引っ張ってくるという傾向《けいこう》があるような気がするのです。

例えば、カントの流れを引くものには、「霊界《れいかい》」や「神」、「信仰《しんこう》」といったものを否定するところがあります。カント自身が、教会から一定の距離《きょり》を取ろうとしていたのは事実だろうとは思いますけれども、そういうものをすべて否定していたわけではないでしょう。

しかし、こうして学問全体に、学問論の基礎《きそ》として、カント的な考え方が蔓延《まんえん》し、宗教学と仏教学にまで影響していることには、カントとしても極《きわ》めて不本意な面があったのではないかと思います。

近代科学が、独自に自由にやるためには、よい面もあったと思うのですが、やはり、

「真理に近づいた面」と「遠ざかった面」との両方があるような感じがするのです。

この本（前掲《ぜんけい》『霊性と教育』）にも書いてあるように、カント的には、「中世の教会自体が、一種の全体主義のようなものであり、これから逃《のが》れるために切り離《はな》す必要があったのだ」ということなのでしょう。

確かに、そういう面もあったのでしょうが、「切り離す」ということが、「捨てる」ということと同義になってしまった場合、大事なものまで捨ててしまうことにもなりかねないところがあるような気がするのです。

カントの著書に見る「カントの真意」とは

大川隆法　前述した『孔子、「怪力乱神」を語る』にも書きましたが、カントは、別にあの世を否定しているわけではないし、神様や霊を否定しているわけでもありません。

また、簡単なものではありますけれども、例えば、『啓蒙《けいもう》とは何か 他四篇《ぺん》』が、カント著・篠田英雄《しのだひでお》訳で岩波文庫から出ています。このなかに、「万物《ばんぶつ》の終《おわ》り」という文章があるので、それを引用してみます。

「要するに当来の世界における我々の運命がいかなるものであるかを、今から我々に教え得るものとしては、我々自身の良心による判定以外にはないのである、換言《かんげん》すれば——我々が生涯《しょうがい》を終えるまで我々の行状《ぎょうじょう》を支配している原理（善の原理にせよ、或《ある》いは悪の原理にせよ）は、死後もその支配を続けるのであって、この原理が来世《らいせ》、すなわち当《まさ》に来るべき永遠において、変更《へんこう》されるなどと考える理由をいささかももつものでないということを、我々が自分自身について知る限りのこの道徳的状態にかんがみて、合理的に判断するよりほかはないのである。」

読んでみると、確かに日本語が難しいようです。訳が下手なのかもしれませんが、おそらく、原文も悪いのでしょう。

ただ、これは、私が言い換《か》えて述べていることと同じであって、「人生がこの世限りだと思ったら、善の原理、悪の原理が完結しない」と言っているわけです。

要するに、「この原理、つまり、縁起《えんぎ》の理法《りほう》、あるいは、善因善果《ぜんいんぜんが》、悪因悪果《あくいんあくが》ということは、この世界では完結していない。われわれが生涯を終えるまでだけでなく、死後もその支配を続けるのでなかったらおかしい」ということなのですが、易しいことだと思うのに、読んでみたら難しいので、さすがカントと言うべきかもしれません。

ここは、かなり分かりやすい部分ではあるのですけれども（笑）（会場笑）、読みながら聞いていると分からなくなるように思います。ややショックではありますが、読んでみると日本語として通用せず、寝《ね》てしまいそうです。これを研究した人は本当に気の毒だと思います。私の話のほうが、ずっと分かりやすいでしょう。

いずれにせよ、このように、「縁起の理法は、来世で完結する」と考えているわけです。

悪人が栄えているように見えても、来世、地獄《じごく》で苦しみを受けることによって清算は終わります。また、例えば、イエスが十字架《じゅうじか》に架かるように、善人がこの世で不幸になるように見えても、来世があり、神の隣《となり》に座《すわ》ることによって、その栄光は報《むく》いられるのです。

カントは、そういうことを述べているわけで、「霊界」も「神」も、あるいは、「因果の理法」も、すべて認めているということです。

さらには、哲学の使命として、「最高善の実現」ということも目指していました。

そういう意味では、言葉が難しすぎるところが問題なのでしょう。

カントの「啓蒙《けいもう》とは何か」を現代的に追究してみたい

大川隆法　今日は、この本（前掲『啓蒙《けいもう》とは何か 他四篇』）の巻頭の「啓蒙とは何か」のあたりを現代的に追究したいと思っているのですけれども、最初の定義を読んでみると、次のように書いてあります。

「啓蒙とは、人間が自分の未成年状態から抜けでることである、ところでこの状態は、人間がみずから招いたものであるから、彼自身にその責めがある。未成年とは、他人の指導がなければ、自分自身の悟性《ごせい》を使用し得ない状態である。ところでかかる未成年状態にとどまっているのは彼自身に責めがある、というのは、この状態にある原因は、悟性が欠けているためではなくて、むしろ他人の指導がなくても自分自身の悟性を敢《あ》えて使用しようとする決意と勇気とを欠くところにあるからである。それだから『敢えて賢《かし》こかれ！(Sapere aude)』、『自分自身の悟性を使用する勇気をもて！』——これがすなわち啓蒙の標語である。」(傍点《ぼうてん》は原文ママ)

これも分かりにくいかもしれませんが、「啓蒙とは、人間が、自分の未成年状態から抜け出ることである」ということ、要するに、「子供の状態、大人になっていない状態から抜け出すことが啓蒙なのだ」ということです。

また、「それは、結局のところ、自分自身に責任がある。最後には、自己責任の原理がある」ということを言っているのです。

さらには、「自己責任の原理のなかで、そうできないのは、決意と勇気が欠けているからだ」ということを言っているわけです。

このようなことを見てみると、私が宗教的にいろいろ説いている教えと、別に変わっているわけではないことがよく分かると思います。

カントが難しい「もう一つの理由」とは

大川隆法　今日は、「カントの霊言」と大まかに題しましたが（収録時のタイトル）、カントは、一七二四年に生まれ、一八〇四年まで生きていますから、だいたい十八世紀の方で、日本で言えば江戸《えど》時代の方です。そういう方の思想であれば、今読んで難しいのは当たり前かもしれません。

カントだから難しいというところもあるけれども、「日本の荻生徂徠《おぎゅうそらい》（一六六六～一七二八。江戸時代中期の儒学者《じゅがくしゃ》）の漢文を読んで分かるか」と言ったら、やはり同じぐらい難しいでしょう。

例えば、丸山眞男《まるやままさお》の『日本政治思想史研究』は、私も大学に入ってすぐに読みましたが、彼はそれを、荻生徂徠あたりから始めていたと思います。それで、やたらに漢文が出てきていました。

ただ、漢文など、受験が終わったら途端《とたん》に忘れていくものなので、ドイツ語を読んでいるように進まないところがあったように思います。

カントも、「翻訳《ほんやく》が分からないから、ドイツ語を読んで分かるか」といえば、なかには、ピリオドが来るまで一ページもある文章もあったりします。要するに、考えながら書き、書きながら考えるタイプなのでしょう。ペンにインクをつけて、ウニャウニャと書きながら考えていると思われるので、読んだからといって分かるとは言えません。

ただ、日本で言えば江戸時代の人なので、江戸時代の儒学者が漢文で書いたものを読んでも、すぐには分からないように、カントの文が分からなくても当然ではあるのです。

カント学者が、それを読んで、いろいろと解説してくださっているのはありがたいことですし、そういう訓詁学《くんこがく》的な世界、解釈学《かいしゃくがく》的な世界は世界として、学問的には存在してよいとは思うのですが、はっきり言えば、私には、わずか二、三百年前のカントよりも、プラトンなどの言っていることのほうがはるかによく分かるのです（笑）。そちらのほうが「宗教的な真理」が多いからなのでしょうが、はるかによく分かります。

そのような感じがあるので、多少、内容的な問題もあるのではないかと思います。

カント以降の啓蒙《けいもう》思想の流れのなかで骨抜《ほねぬ》きになった宗教的神秘性

大川隆法　そういう意味で、カントの影響力は大きかったのですが、一つには、ここから出てきた啓蒙《けいもう》思想が、フランス革命から始まる民主主義に影響し、王様の首を刎《は》ねるような流れになって、「神様の首を刎ねる」ということが「王様の首を刎ねる」ということと同義になっていったようなところがあると思います。

その反動で、ナポレオンの帝政《ていせい》がまた来るのですが、一部には〝血塗《ちぬ》られた民主主義〟になった面もあるのではないかと思いますし、学問的には、「唯物論的な学問や科学」が発達するもとにもなっています。

要するに、「摩訶不思議《まかふしぎ》な現象や霊界的なものは学問の対象にはならないから、そういうものは外《はず》して、とにかく、自分は学問の対象になるものを中心に行う」という考え方なのですが、この考え方自体が、神秘現象やオカルト現象に当たるものを、すべて排除《はいじょ》していくような考えになっていくわけです。

「神秘現象」「オカルト現象」というと、嫌《いや》な感じに見えるかもしれませんが、これを全部外していけば、実際は、キリスト教も〝骨抜《ほねぬ》き〟になるのです。それらをすべてないことにしてしまったら、キリスト教は成り立たなくなります。

仏教にしても、やはり多少の〝怪《あや》しい〟部分はそうとう出てきます。ほかの宗教も、おそらく同様でしょう。

イスラム教も、神秘現象やオカルト的なところを全部取ってしまったときに何が遺《のこ》るかといえば、この世の戒律《かいりつ》的な〝法律の昔版〟でしょう。それしか遺らなくなっていく可能性は極めて高いと思われます。

したがって、その骨抜きにした部分に、「抜いてはならない部分」もあったのではないかと考えます。

分かりやすい言葉で、「今、カントが考えていること」を訊《き》く

大川隆法　そういうことを前置きにして、今日は、カント先生の『啓蒙とは何か』について、私は「大いに疑問、疑義あり」ということで訊《き》いてみたいと思います。

ご自分で書かれた『啓蒙とは何か』で、その後、教会による洗脳から人々を解き放ち、マックス・ウェーバー的に言えば、「魔術《まじゅつ》からの解放」が成し遂《と》げられていく「学問の発達」になってはいったわけですが、一方では、「宗教の追放」および「宗教の非公認化」、あるいは「地下潜《もぐ》り」になっていった流れがあります。特に、この百年ほどはそういうところがあるでしょう。

そこで、「カントの考える啓蒙とは、今であればいったい何に当たるのか。現代的なさまざまな課題をぶつけてみて、カントならどのように考えるか」ということ

を聞いてみたら、彼がどういう人間なのかという筋《すじ》は見えてくると思うのです。「〝江戸時代〟のカントはどういうことを言って、どういうことを考えたか」ということは、専門の学者に任せてもよいのですが、「現代ならば、この人の考えはどういうことに相当するのか。この人はどういうことを言うのか」というようなことは、当会でなければ明らかにできない部分でしょう。

まあ、学界の主流の思想としては、なかなか受け入れられはしないでしょうが、それでも信仰を持った学者はいると思いますので、彼らにとっては、やはり大いに参考になるところがあるのではないかと思います。

われわれも、学問的な部分から、宗教としてはかなり〝被害《ひがい》〟を受けていますので、手直しをすることがあれば、してほしいところです。

（質問者に）そういう意味で、本日は、いろいろな質問をしてくださって構いません。著書はかなりありますので、独特の用語でもって、ああだこうだと言い出すと、結局、誰も分からなくなり、「救済力ゼロ」ということになります。

そういうことではなく、もし、言っていることが分からなくなったら、「それは、いったいどういうことが言いたいのですか。現代的にはどういうことですか。例えばどういうことなのですか。『牝牛の乳』や『コーヒー』のたとえぐらいのレベルに変えてもらえないでしょうか」ということで、もう少し分かりやすく言うように訊き返して結構です（注。牝牛の乳とコーヒーのたとえは、一九八四年一月二日の霊言で、カントが「一即多、多即一」という霊的認識の比喩《ひゆ》として挙げたもの。前掲『大川隆法霊言全集 第9巻』参照）。

この人の「思想を深める力」が、ある意味で学問を難しくし、現代の学術論文や学問を分からないものにしていったところもあるような気がします。

前回の霊言では、「宗教はソフトクリームみたいなものだ」というようなことまで言われてしまいましたが、それで済むかどうかは知りません。ソフトクリームであっても、たくさん投げられたら、けっこう被害は出るでしょう。もう、ベタベタとつけられたら、もはや、社会生活は不能になるぐらいの力があります（注。二〇一〇年五月二十七日の霊言でカントは、「私は、『宗教は悪いものである』と思ってはいなかった。どちらかというと、宗教は、肥満を呼ぶアイスクリームやデザートの類《たぐい》のように見えたかな」と語った。前掲『霊性と教育』参照)。

彼から見れば宗教はソフトクリームかもしれませんけれども、こちらから見れば、カントの思想は、「長い長いぐるぐる巻きの電線のようなもの」を飲み込《こ》んでいるような感じがしないわけでもありません（笑）。

「最高善」でも結構ですが、「結局、人間としてどう生きるべきか」「世界観として、『この世とあの世』『神仏《かみほとけ》』『高級霊《こうきゅうれい》』『天国・地獄』などを、どう捉《とら》えているのか」というあたりのところを、正直に分かりやすい言葉で語ってくだされば、ありがたいと思います。

「新しい啓蒙《けいもう》の時代」を開くべく、イマニエル・カントを招霊《しょうれい》する

大川隆法　それでは行きましょう。

イマニエル・カント先生、哲学者のイマニエル・カント氏をお呼びし、現代の迷える教育界の人々、学問を奉《ほう》じる人々に目を覚ましていただきたいという気持ちを持っています。

どうか、現代の知識人たち、迷える知識人たちの目を覚ますべく、新しい啓蒙《けいもう》の時代を開くべく、「ここにカントあり」というところをお見せいただきたいと考えています。

カント先生の霊《れい》よ。

カント先生の霊よ。

どうか、幸福の科学 教祖殿《きょうそでん》に降りたまいて、そのご本心を語りたまえ。

できるだけ分かりやすい現代日本語にて、他の人に分かるようにお答えくださいますよう、お願い申し上げます。

（約十秒間の沈黙《ちんもく》）

2　カントの生前の業績を振《ふ》り返る

開口一番、「絶版《ぜっぱん》にしたらいい」と主張するカント

カント　うん。

酒井　カント先生でいらっしゃいますでしょうか。

カント　うん。

酒井　本日はありがとうございます。
先ほど、大川総裁の冒頭《ぼうとう》のお話も聞かれていたかと思います。

カント　うん、うん。

酒井　つきましては、現代的な言葉で「啓蒙《けいもう》とは何か」をもう一度語っていただきたいという趣旨《しゅし》で……。

カント　いや、それはねえ、そういうことをする以前に（私の本を）絶版《ぜっぱん》にしたらいいのよ（会場笑）。

酒井　絶版ですか（笑）。

カント　うん、そのほうが早い。

酒井　ただ、〝カント信者〟というか、本当に理解しているのかどうかは別としても、「この難しいものを読んでいる」ということで〝快感〟を得ている方々は非常に多いのです。

カント　いや、それは「暇潰《ひまつぶ》しをしている」と言うべきであって、「快感を得ている」というのは間違《まちが》いですけど、なんか高尚《こうしょう》なことをしているような気になっているということは事実だろうね。

酒井　はい。

カント　ただ、現実は「時間の無駄《むだ》」だね。

酒井　無駄ですか。

カント　うん、うん。無駄だ。現実は時間の無駄。

酒井　なぜ無駄なのですか。

カント　だって、分からないから。

酒井　（苦笑）

カント　（笑）

酒井　カント先生はお分かりですよね。

カント　だから、「暇潰し」という意味では、パチンコやスマホと変わらないよ。

酒井　変わらないわけですね。

カント　うん。

今日の霊言《れいげん》の趣旨《しゅし》は「カントを啓蒙《けいもう》する」？

酒井　では、『啓蒙《けいもう》とは何か』の著書も、スウェーデンボルグ批判をしたことも全部なしとして、今日は新たに「啓蒙とは何か」という題でお話を……。

カント　「カントを啓蒙する」ということね。

酒井　えっ？

カント　あなたがたが、カントを啓蒙するということね。

酒井　いや、カント先生がこの世の人々を啓蒙するということです。

カント　そんなことはないでしょう。私の間違いを正そうとしてるんじゃないですか？

酒井　いや、カント先生がご自身で〝未成年状態〟から抜《ぬ》け出ていただきたいということですが……、これは失礼ですかね（笑）。

カント　はあ。君たち〝大人〟なわけね（会場笑）。

酒井　いや、いや、いや（苦笑）。

カント　ほお！　証明してくれるか？

酒井　証明ですか。

カント　どういうふうになれば〝大人〟なんだ？

酒井　いや、それをまず訊《き》きたいと思っております。

カント　いや、いや。大人からそれを教わらないと〝子供〟は分からんからさあ。

酒井　いや、カント先生がそうやってしゃべっているのを、大人として理解したいわけなんですよ。霊的に。

カント　いや、いや。私を啓蒙しようとしている〝勇気ある〟方々だからさ。

酒井　（苦笑）

カント　どういうふうに啓蒙しようとしているのか、立ち位置を見せていただかないとですなあ。

酒井　そうですね。これは質問していきたいのですけれども……。

カント　君は何者だね？

酒井　はい？

カント　いったい君は何者だね？

酒井　私は人間です。

カント　いや、何言っとるんだ。ちゃんと「定義」をしなさい。もうちょっと、はっきりと。

酒井　いや、これは難しい話になるといけませんので。

カント　ああ、そうか。

「啓蒙《けいもう》」とは「真実」を見えなくしている〝服〟を脱《ぬ》ぐこと

酒井　まず、現代人に対して「啓蒙《けいもう》」とは何なのでしょうか。

カント　いやあ、分かりませんね。「啓蒙」というのは「服を脱《ぬ》ぐ」ことなんじゃないの？

だから、人はさまざまな〝衣装《いしょう》〟を着てるんだ。衣装を着て、「真実」を見えないようにしてるんだ。精神的にも、肉体的にもね。

見えないようになってる、その〝服〟の部分を脱いで、もうちょっと気楽に、お互《たが》い胸襟《きょうきん》を開いて真実を語り合おうという態度かなあ。

酒井　そうしますと、「真実」を語り合うという、その「真実」は今、現代において語られていますでしょうか。

カント　分からんねえ。それは分からん。

酒井　いや、カント先生は最近も霊言《れいげん》をしていただいたので、だいたいの〝手の内〟は分かっていますから（注。二〇一〇年五月二十七日の霊言でカントは、「私は、本当は宗教が大好きなんだよ。大好きなんだが、宗教にはまると勉強する暇がなくなるので、『宗教から、何とか離《はな》れなければいけない』と思って、自分を律する意味で、学問と宗教の線引きをしたんだ」と語った。前掲《ぜんけい》『霊性《れいせい》と教育』参照）。

カント　ああ、私の手の内が分かる？

酒井　いや、カント先生は宗教好きだって……（苦笑）。

カント　やっぱり、君の「啓蒙論」を聞かせてあげたい。一冊の本として録《と》ってみたいな。はい、どうぞ！

酒井　いや、それは人類に対してまったく意味がないので、カント先生に語っていただきたいのですが、本来は宗教が好きであったわけですよね？

カント　それは、嘘《うそ》か本当か分からんなあ。

酒井　では、あのとき（二〇一〇年の霊言で）におっしゃったのは嘘なんですね。

カント　まあ、そう言わないと、宗教の総合本部ではいられないだろう。

酒井　そういうことなんですね。

カント　うん、もちろん。

酒井　困りましたね。

カント　そうしないと〝悪魔《あくま》〟にされてしまうからな。

「啓蒙《けいもう》」の目的は「真実の自己」を発見すること

綾織　カント先生の言われる、「語り合う真実」というのは何を想定されているのですか。

カント　いや、特に語り合う必要はないんだけどね。

綾織　ああ、そうですか。

カント　一人で読んでいても構わないんだけどね。

綾織　啓蒙《けいもう》で発見すべき「真実」とは何でしょうか。

カント　それはねえ、「自己の発見」だよな。はっきり言えばな。

綾織　はい。

カント　だから、彼（質問者の酒井）に訊いても〝答え〟は返ってこないからね。「自分とは何か」ということだよな。「人間」というのは、肉体で表現してるだけだったら十分ではないだろうと思うんだよ。それは、「人間」と「死体」との違いが、ちょっともうひとつ分からないからねえ。

「死体ではない人間とは何なのか」というところだろう？　ここのところが哲学《てつがく》だし、宗教にかかわるところだからねえ。

肉体としてのあなたがたは、「動物学」で解明できるよ。あなたの走る速度、身長、体重、胸囲、それから握力《あくりょく》、腕力《わんりょく》、破壊力《はかい》。それは動物学的に、スポーツ学的に測《はか》ることはできるだろう。

ただ、「あなたの中身をどう測るか」っていうことは難しいことだなあ。

酒井　では、カント先生は何なのでしょうか。

カント　何が？

酒井　カント先生はいったい何者なのでしょうか。

カント　いや、分からんね。それは分からん。分からないけれども、ただ言えることは、「思考せる存在」であることは間違いないわなあ。

酒井　確かに。

カント　「考えるもの」だなあ。デカルト的に考えているかどうかは分からんけれども、デカルトよりもたぶん複雑に考えてるだろうなあ。それは分かる。

酒井　考えるのがカント先生ということですね。

カント　複雑に考えているからね。

カント哲学《てつがく》の「結論」は、分からないまま現代まで持ち越《こ》されている

酒井　カント先生は生前、認識のレベルの話をずっとされていたと思います。

カント　それ、「認識力」ね。

酒井　結局、人間というのはどこまで知ることができるのでしょう?

カント　いや、分からんねえ。それは分からん。

酒井　それを本に書かれたのではないですか。

カント　それは分からない。分かったようでいて、天体なんかを研究してみるとま

すます分からなくなってくるからねえ。「宇宙のなかの人間」っていうことを考えると、分からなくなってくるなあ。

酒井　では、生前のカント先生は、「分からない」ということを言いたかったわけですか。

カント　（首を横に振《ふ》りながら）ううーん。「分からないこと」と「分かること」との違いが、いったいどこにあるのかを考えてたわけよ。

酒井　その違いはどこにあるのでしょう？

カント　分からない。

酒井　（苦笑）「分からない、分からない」という本をずっと書いていたのですか。

カント　うん。だから、「なぜ、これが分からないのか」ということが分かるまで書いてたわけよ。

綾織　結論は何だったのですか。

カント　いや、結論は現代まで持ち越《こ》されている。

綾織　あっ、持ち越されているのですか（苦笑）。

カント　現代まで読み継《つ》がれつつ、結局分からない。

酒井　ただ、結論的に言えば、何か道徳律のようなものを説かれましたよね？

カント　うーん。まあ、結論は「ドイツ人が威張《いば》った」ということだな。「私が出ることによって、ドイツ人が威張った」ということでしょう。

酒井　なるほど。

頭のなかの「常識」が「真実」を覆《おお》い隠《かく》している

綾織　現代まで持ち越されているならば、先ほど、「服を脱いでいって、自分とは何かというのを明らかにしないといけない」という話だったのですが、現代において〝服〟に当たるものというのは何ですか。

カント　だから、あなたの頭のなかに入っているものが〝服〟だよ。

あなたが教育を受けて、何十年か生きて、「こんなのが当然だ。常識だ」と思っているることも、二千年後から見れば、みんなそれはあなたを覆《おお》ってる〝服〟にしかすぎないだろうからさ。

二千年後になったら、なんか昔の鹿《しか》の皮を腰《こし》に巻いてるようなものが、あんたらの持ってる知識だよ。

その二千年後から見たらただの〝衣《ころも》〟にしかすぎないものを取り去ったときに、何が見えてくるかということだな。

綾織　どういうふうに見えてくるのでしょうか。

カント　分からん。

酒井　今、霊界に還《かえ》られて「何が見えなかったか」というのを……。

カント　だから、私などの〝孤独《こどく》な老人〟の思想に集《たか》ってだねえ、大勢が飯《めし》を食いすぎとるわけだよ。

（私が）分からないものつくったために、推理の謎解《なぞと》きゲームみたいなもので大勢の人がここに食いついて、哲学《てつがく》者の周辺にいる者たちが生活ができたという意味での、私は彼らの〝飯《めし》の種《たね》〟ではあったことは事実だ。

酒井　そうですね……。

カント　飯の種ではあったとは思うが、「それで人類が前進したかどうか」については疑問がある。

3　カントが「学問の世界」に与《あた》えた影響《えいきょう》とは

「分からないものは扱《あつか》わない」という現代の学問には「嘘《うそ》」がある

酒井　当会もかなり深めているのですけれども、今いちばん問題になっているのが「学問」のところです。

現在、学問のなかに生前のカント先生的なものの考え方、要するに、「分からないものは、扱《あつか》わない、対象としない」というような考え方が入っています。

カント　だけど、それは「嘘《うそ》」があるよな。

分からないものは対象にしないなら、私の思想だって、「分からない」って言われて、学問から全部外してしまえるように思う。

酒井　（笑）はい。

カント　「理性なんて、そんなの分からない。学問的ではない。外してしまえ」って外せるわね。

酒井　そうですね。

カント　だから、「ラットの研究で、ネズミの電流実験やネズミを走らせたりするのだけが学問だ」と思っていれば、私のだって危ない。

酒井　「学問」で分かったのは、「古い文献《ぶんけん》が遺《のこ》っているものは認められる」ということです。カント先生は「『理性』という言葉は語っていた」と……。

カント　いや、〝哲学者《てつがく》〟の多くは、ほとんど「言語学者」だからね。だから、ドイツ語が読める言語学者が哲学者を名乗ったり、ギリシャ語が読める言語学者が哲学者を名乗ってるっていうのが現実ではあるからねえ。

「カント哲学《てつがく》」は〝ボケ老人〟の思想？

綾織　仮に、現代においてカント先生が地上で活躍《かつやく》するとしたら、どういう啓蒙をされますか。

カント　いやあ、もちろん君の雑誌（月刊「ザ・リバティ」〔幸福の科学出版刊〕）に「カント論文」を書いてあげるよ。

綾織　ありがとうございます（笑）。

カント　たちまち売れ行きがどんどん落ちていくから。

綾織・酒井　（笑）

カント　売れ行きが一千部ぐらいまで落ちていくと思いますね。

綾織　いや、まあ、それはちょっと原稿にいろいろ注文をつけさせていただきますけれども（笑）。

カント　連載《れんさい》で私に一年間書かせてみなさい。もう読む人は一千人ぐらいになるから。

綾織　では、文章は少し考えるとして、エッセンスの部分で何を啓蒙《けいもう》すべきだとお考えですか。

カント　だから、たぶん脳の血管がちょっと詰《つ》まってたから、思想も〝詰まった〟のかもしれないねえ。血流《けつりゅう》が悪かったんじゃないかなあ。（舌打ち）ちょっとそんな感じがするなあ。

まあ、当時としては長生きのほうだったんだけど、もうかなり年を取ってから思想をつくったために、ある意味でボケておったのかもしれないねえ。

君たちは〝ボケ老人〟の思想を一生懸命《いっしょうけんめい》、研究してたんだよ。

酒井　当時、「神という存在は証明できない」ということだったと思いますが。

霊覚者《れいかくしゃ》のスウェーデンボルグよりもカントの影響《えいきょう》が世界的に大きくなったのは「近代の不思議」

カント　うーん。そんなの、もうほとんど独《ひと》り言《ごと》だよ。いやあ、何と言っても構わないんだけど（苦笑）、独り言にしかすぎない。

酒井　スウェーデンボルグに対しても、「夢を見ているんだ」とか、「精神的に少しまずいんだ」というような言葉も遺っていると思うんですけれども、なぜ、そこまで〝切って〟しまったのでしょうか。

カント　うーん……。いやあ、やっぱりスウェーデンボルグにあの世を見せるより、私に見せたほうが早いよ。ねえ？　そう思うんだけど。

酒井　要するに、「カント先生が認識できないものは、学問の対象ではない」ということですよね。

●スウェーデンボルグに対しても……　カントは、同時代の神秘思想家・スウェーデンボルグについて、その霊能力を検証した『視霊者の夢』という著作を遺している。

カント　まあ……。だから、彼（スウェーデンボルグ）も本をいっぱい書いてはいて、どのくらいまでそれが行くのかなあと見てはおったけど、大した広がりは持たなかった。

先日、ヘレン・ケラーが何か言っとったようだが（注。二〇一四年十月二十二日、ヘレン・ケラーの霊言《れいげん》を収録したところ、スウェーデンボルグの影響《えいきょう》を受けたと語った）、スウェーデンボルグ派なんていうキリスト教の一派があるなんて知ってる人は、日本だってごく一部だろう。

まあ、当時は「イエスを超《こ》えるような人か」という噂《うわさ》もあったわけだけどね。けれども、その後《ご》はインパクトがそれほどはないし、私のほうの影響が大きいっていうのを見たら、やっぱり何か、どうだろうねえ……。

スウェーデンボルグが言ってることが本当であるならば、イエスに成り代われるくらいの人か、イエス以上の人でなければならないはずですよ。ある意味で、イエスができなかったことをしたからね。

生きながらにして、霊界《れいかい》である天界と地獄《じごく》界を見てきて、その原理を明かしてきたわけだから、イエスができなかったことを彼はやったわけだ。

だから、それだけの影響力が出なきゃいけないわけだけど、残念ながらマイナーな勢力で終わってはいて、私のような〝枯《か》れ老人〟〝痩《や》せ老人〟が書いたものが、内容が分からないにもかかわらず、世界的にみんなが「カントによれば……」と言い出すような状況《じょうきょう》になったわなあ。

これに、「近代の不思議」があるんだろうとは思うがなあ。

「この世からあの世が見えない」ことは、若干納得《じゃっかんなっとく》がいかない

酒井　カント先生は今、あの世に還《かえ》られて、人間にはそういった霊や神が見えないとか、その声が聞こえないとか、本当に思われていますか。

カント　いや、不思議な仕組みだと思うよ。これの説明を誰《だれ》もしてくれないからさ。宗教家においても、キリスト教においてもねえ。

なんで、あの世からこの世が見えて、この世からあの世が見えないのか。神が「あの世」や「魂《たましい》」、「神の存在」を信じさせたかったら、この世からあの世が分かるようにすればいいわけだから。

酒井　はい。

カント　だから、水族館の〝あれ〟みたいな……、魚が上で泳いでるように見えるようにすれば、見えるわけだから。ちょうど、手が届かないあたりのところであの世の人が住んでるけど、下から見えてるような状態なら分かるはずだ。だけど、見えないようにしておりながら、「信じてない人間は地獄へ行け」とかいうようなキリスト教の教義っていうのは、やっぱり「どんな性格の神様なんだろう」という感じが、若干《じゃっかん》ないわけではないよなあ。
分からないようにしておりながら、「分からんやつは信仰心《しんこうしん》が足りないから、地獄へ行け！」みたいなのって、どうかねえ。

酒井　ただ、そのために、預言者という方々がいらっしゃるのではないですか。「悪魔《あくま》に乗っ取られている」と思う節《ふし》があった中世の教会

カント　いや、だけど、そんなのを信じる人は、もう、あんまりいなくなったじゃない。

酒井　イエス様や……。

カント　テレビに出て、いろいろとニュース原稿を読んだり、意見を言ったりしてる人のほうが、預言者より、はるかに大きな発言力とオピニオン力、攻撃力《こうげき》を持っていて、宗教的な預言者、「神が降りる」みたいな人の影響力は、全然ないよな。

酒井　では、その、「信じる」ということに関して、カント先生は、「知りえないこと」と「それを乗り越《こ》えて信じること」の違《ちが》いを、どう捉《とら》えていらっしゃるんでしょうか。

カント　うーん……。

酒井　この世において、「信じる」ということは、意味がないことですか。

カント　まあ、君たちとは、時代感覚が違うからねえ。

中世の教会のいかがわしさを、君らは知らないであろうからね。自然科学系の学者たちが、どの程度、魔女狩《まじょが》りでやられたか、真理を発見しても、それを発表できずにいたか、あるいは、発表した場合には、火あぶりになったりしたか。真理を発見した人を火あぶりにする法王なり、司祭《しさい》なりを見れば、どっちが悪魔かは、本当に分からない感じはするわなあ。

だから、いやあ、ある意味では、ある小説家が言うように、もう、教会自体が悪魔に乗っ取られてるんじゃないかと思われる節《ふし》が、ないわけではなかったかなあ……。

カントが近世ヨーロッパに生まれたのは「神の計画」

酒井　そうすると、カント先生が、その時代に生まれられた理由というのは、まさに、そこにあるのでしょうか。

カント　うーん。だから、いちおう、「啓蒙」ということだろうと思うよ。

酒井　はい。

カント　今日は、的確《てきかく》な〝ツボ〟を押《お》さえてきたんだと思うけど、そういう、宗教のなかにある、何て言うか、後進性？　だから、宗教のなかにおいて、「昔戻《むかしもど》りしていく傾向《けいこう》を持っているもの」と、「まだ普遍的で遺《のこ》せるもの」、それから、「未来の学問にも影響し、人間の生き方にも遺るべきもの」とを選《え》り分けるというのは、はっきり言ったら傲慢《ごうまん》だから、身に危険が及《およ》ぶ思想だ。

だけど、それをはっきりとは言わないけども、「理性」だとか、いろんな言葉を使いながら（笑）、実質上は〝切り分け〟ているというような作業だわな。まあ、そういうことだ。

酒井　それは、やはり、神の計画といいますか、人生計画として、明確に……。

カント　まあ、それは、そうなんじゃない？　そうだと思うよ。哲学者がいっぱい出てきたのを見ればね。古代のギリシャに出て、あと、ローマにも出たかもしれないけど、そのあと、ちょっとしばらくは、大した人は出なくて、私以降に、また、たくさん出てきてるので、一つの流れとしては、「ご計画」だと思いますけどね。

近代の民主主義的思想によって「メシア思想」が崩壊《ほうかい》した

酒井　同時に、神秘思想も出てきたわけですよね。

カント　うーん。

酒井　例えば、ヤコブ・ベーメという方がいらっしゃいますし、同時期には、スウエーデンボルグも出ています。

カント　ああ、あと、それはねえ、やっぱり、これ（神秘思想）と、人間平等の民主主義的思想とが、なんか、合わなくなったんだろうねえ。

だから、昔の預言者とか、神秘思想が流れ出してくるような人とかっていうのは、やっぱり、「神人《しんじん》」というか、「神《かみ》の人《ひと》」という意味で、「普通の人間とは違う人なんだ。選ばれし者なんだ」っていう考えがあったけど、そういう、「メシア思想」だよな。一種の「メシア思想」が、近代では崩壊《ほうかい》したということだよねえ。

酒井　「崩壊した」といいますか、崩壊させる流れがあったわけですよね。

カント　うーん。まあ、それで崩壊してさあ、それが、現代の映画にあるように、「犯罪と戦う、超人《ちょうじん》的な能力を持った、スーパーマン的なヒーローはいっぱい必要だ。犯罪と、目に見えて戦って勝てるような、強いスーパーマンは欲《ほ》しい。そういう意味でのメシアは欲しいが、『精神界のメシア』みたいなのを欲《ほっ》しているとは言えない」っていうことだよね。

酒井　「気づいていない」ということでしょうね。

カント　うーん。

フランス革命以降の「血塗《ちぬ》られた民主主義」をどう見るか

酒井　話を戻しますと、その当時、フランス革命などが起こったわけですよね。

カント　うーん。

酒井　そして、そのあとの流れが、先ほど、大川総裁からの解説でもありましたように、やはり、「血塗《ちぬ》られた民主主義」のような感じになっていきました。王様の首を刎《は》ねて……。

カント　そこが難しいところだよねえ。

酒井　ええ。これが、また、共産主義革命といいますか、マルクス主義革命のほうにもつながっていったような感じが、しないではないのですが。

カント　これはねえ、だから、「王様の首を刎《は》ねよう」っていうのも民衆の意見だし、刎ねたあと、「それは行きすぎた。やりすぎだ」っていうのも、民衆の意見なんだよな。

酒井　はい。

カント　その反動として、ナポレオンみたいな人が出てきたときには、これを、〝救世主の代わり〟のように迎《むか》えたんだよね。

酒井　はい。

カント　だけど、その救世主は、一時期、フランスの人を救ったように見えて、結局は、また地獄の底に落としてしまったようなことがあって、「やっぱり、みんなの投票で決めるような民主主義がいいのかな」っていうふうなものも戻ってきたりした。まあ、文明の実験だよな。試行錯誤《しこうさくご》が行われていた。

だから、近代、まあ、私以降の二、三百年、あるいは、アメリカ革命から言っても二百四十年ぐらいですけれど、この当時のことが正しいかどうかについて、千年後、二千年後、どういうふうに見るかは、実に分かりにくいねえ。

酒井　うーん。

カント　そのなかで、君たちのような考えが出てきたけど、これが広がるか、広がらないかによっても、結論は変わるだろうね。

酒井　なるほど。

カント　広がれば違う結論が出るし、広がらないで、やっぱり、単なる泡《あぶく》のような宗教として、現れて消えるだけだったら、別に、それほどのものではなかろうね。だから、カントを〝葬《ほうむ》り〟たまえ。

酒井　はい。

カント　カントを葬れば、君たちは、歴史に名前を遺すことになる。

カントの著作が難しいのは「一読で分かっては困るから」

酒井　カント先生が書かれた本で語られた考え方には、当時は意味があったということですよね？　ある意味では、教会の……。

カント　いやあ、私の仕事だから。それは、仕事をしていただけであって、それを、「受け入れる、受け入れない」については、各人の問題だから。

酒井　ただ、現代においては、もう、「〝賞味期限〟は切れてしまった」「役割は終わった」と……。

カント　さっき、「（カントの文は）難しい」と、ちょっとバカにされたけども（笑）、まあ、日本語訳も難しいんだけどね。難しく書かなきゃいけなかった理由も、ないわけではない。

要するに、「一読《いちどく》で分かってしまっても困る部分があった」ということだ。教会型の神の思想とかですね、そういう、普遍的な思想と対決する部分が、一部、入ってはいるから、そう簡単には分からないように書いたのも事実だからさ。

共産主義への流れをつくった、「理性」に基《もと》づく考え方

酒井　そうしますと、カント先生は、「教会制度などの変革を求めた」ということになるのでしょうが、やはり、そのあとが必要だと思います。

「物事を壊《こわ》して、何をつくり上げるか」ということについては、今、現代の目から見て、どのようにお考えなのでしょうか。

カント　宗教を信じる勢力は、女性たちの感性的なものから、あとは、修行者《しゅぎょう》から発される悟性《ごせい》的なものであり、まあ、（生前）私は語っていないかもしれないけれども、その悟性のなかには、先ほど、「預言者」っていう言葉があったように、そうした、神や、神近き天使からの啓示《けいじ》を受けるようなものも入ってるだろうと、本当に思うんだよね。

だけど、学問的な対象にはなりにくいものであったことは、事実だよな。それが起きる時代もあれば、起きない時代もあるからね。いつの時代でも起こるわけではないから。

そういう意味で、それに代わるものとして、普遍的に、いつの時代にも通じるような「理性」というものを探究し、これを最高位に置いて、物事を考えていこうとしたわけだ。この、「理性」に基《もと》づいて考える考え方が、いろいろと、「近代の政治システム」もつくったし、「学問」もつくったが、同時に、「共産主義」、あるいは「社会主義的な全体主義」、「計画経済」のようなものに流れていく流れをつくることにもなったわなあ。

「情報の洪水《こうずい》」が起きている今、「導きの光」が必要

カント　まあ、これ以外に、もう一つには、「知性」っていうものもあって、現代は、どちらかっていうと、共産主義的なものが、やや後退した結果、やっぱり、「知性」のほうが、ちょっと主流になってきてはいるんだろうけれども、この「知性」も、また、「真理を含《ふく》んだ知性」でない、要するに、〝雑学的なもの〟であり、情報の洪水《こうずい》のなかで翻弄《ほんろう》される時代が起きてるわな。

だから、新聞や雑誌やテレビや、その他、コンピュータ系のいろんな情報等に翻弄されて、みんな、どうしたらいいか分からない。情報においては、〝ノアの洪水〟状態ですよ。

だから、「知性の時代」といわれても、にわかには信じられないですよ。〝ノアの

洪水〟の状態にいて、「今、自分たちの舟《ふね》が、どのへんを走っているか分かるか」って言われても、そんなことは分からない状態ですよね。

だから、あなたがたが言ってる、立花某《たちばなぼう》とかいうようなのも、「情報」と「知性」を取り違えてる人だろうと思うが、「『情報の混乱』という洪水のなかで、舟はどっちに向かって走るべきか。空は曇《くも》ってるし、雨は降るし、北極星《ほっきょくせい》は見えない。羅針《らしん》盤《ばん》は動かないという状況のなかで、どう動くか」っていうので、現代人は困ってるわけよ。本来、「導きの光」が要《い》るわけだな。

「そこで発見すべき『理性』は何か」っていったら分からないし、「悟性」も分からない。「知性」は氾濫《はんらん》している。「感性」は昔からあるけど、当てになるものではないので、そうしてみると、誰かが何かをしなければいけない時代には来てるわなあ。

酒井　うーん。なるほど。

4 「現代の啓蒙《けいもう》」に対するマスコミの影響力《えいきょうりょく》

メディア界で起きている「メシア役」をめぐる競争

綾織　「誰《だれ》かが」ということに関しては、私たち、「宗教の立場の人間」というのが大きいと思うのですが、「現代における啓蒙《けいもう》」というところを考えたときには、やはり、マスコミの影響《えいきょう》が非常に大きくあります。

先ほどは、立花隆《たちばなたかし》さんについての話も出ましたが、先日のＮＨＫの番組では、「脳は心にある」ということを結論づけたような感じで、それ自体を非常に喜んでいるような感じではありました。そうした人たちを、どう啓蒙していくかというところが、非常に大きなテーマになると思うのですが。

カント　昔は、「メシア」っていうのはさ、神の声が聞こえる一個人であったわけよ。ところが、今、メシアだと思ってるのは、いわゆる、朝日新聞とかいうふうな媒体《ばいたい》だとか、NHKっていうようなテレビ局だとかであり、こういう、集合人材がつくってる会社が、要するに、メシアの役をしようと、一生懸命《いっしょうけんめい》に頑張《がんば》ってるわけよ。それを、「いや、朝日新聞は偽《にせ》メシアである」と、産経新聞っていう新聞社が言ってるわけ。

まあ、そういうふうな教義論争、昔の宗教団体の争いみたいなのが、今はメディア界で起きていて、「誰が本物のメシアか」を、個人じゃなくて集団で、会社の方針を出しながら競争しているような状況《じょうきょう》であり、時代はそういうふうになっているってことかなあ。

まあ、それには個人も出てくるけれども、全部をし切れるような個人はいないんだよな。

綾織　ええ。

カント　ニュースのキャスターみたいな人とか、社説を書けるような人もいるけれども、かと言って、「メシア的な力まで発揮できる人がいるか」と言われたら、やっぱり、そこまではいかない。微妙《びみょう》な舵取《かじと》りぐらいまでは可能かもしれないけれども、原稿《げんこう》一つ書くにしても、大勢の人の意見や目を通らなければいけないことになるので、私が文章を書くように、自由にはいかないだろうねえ。

そのなかで、君たちは、ドン・キホーテ的に、そうした巨大《きょだい》な「組織メシア」に対抗《たいこう》しようとしてるわけよ。はっきり言ってね。

綾織　はい。

カント　だから、いつ〝火あぶり〟になるかは、楽しみなところだと思います。そろそろ、あなたも、おいしそうな仔羊《こひつじ》に見えてきつつあるんじゃないですか。グリルするといい感じに。ええ？

綾織　そうならないようにやっていきたいと思います（苦笑）。

カント　うーん。

思想の〝大掃除《おおそうじ》〟をしなければ情報洪水《こうずい》からは逃《に》げられない

綾織　いろいろなマスコミ各社があるなかで、産経新聞であったとしても、あの世を認めているわけではないし、また、神様がいるとも言いません。せいぜい、「天皇陛下《へいか》が尊い」という程度であり、「あの世がある」というところの本来の啓蒙が、なかなか十分には広がっていかないところがあります。

カント　うーん。

綾織　カント先生の「カルマの刈《か》り取り」と言うと、少し恐縮《きょうしゅく》なのですが、今、この霊言《れいげん》の場で、もし、現代における啓蒙というのをされるとしたら、どういうかたちになるのでしょうか。

カント　まあ、あれだねえ。今、遺《のこ》っている、いろんな思想や考え方、学問など、いろんなものを、一回、〝大掃除《おおそうじ》〟して捨てなきゃいけないでしょうねえ。

だから、また同じように、近現代の思想のなかでも、捨てるべきものは捨てて、ちょっと減らして、新しいもののほうに、もうちょっと特化していかないと、だいぶ引きずっているものがある。訓詁学《くんこがく》的な、昔戻《むかしもど》りの学問のなかに、現代を引きずっているものがあるからねえ。それを少し減らさないと、この〝ノアの洪水《こうずい》〟的な情報洪水からは逃《に》げられないよね。

「神を殺し続ける原理」を持っている近代の原理

酒井　その「減らし方」についてお訊《き》きしたいのですが、現代に通用する減らし方として、カント先生なら、どうなさいますか。

カント　うーん。やっぱり、民主主義と対立するんだと思うんですよ。原理的にはね。

民主主義は、意思決定において、個人個人の意思を反映しようとするわけだけども、昔の信仰《しんこう》っていうのは、「個人個人が意思決定をやる」っていうものではなかったわけで、意思決定は、あくまでも神なんですよ。「神主権《かみ》」なんです。神の主権を伝えているという人を信じるかどうかであって、そういう意味では間接統治なんですよね。

だから、「神の代理人」と称《しょう》する人が本物だと思うかどうかを、みんなが信任投票をして、本物だと思う人が多ければ、それが受け入れられ、信仰として成り立つわけね。一方で、偽物だと思うと、「火あぶりになったり、皮を剝《む》かれたり、十字《じゅうじ》架《か》に架かったりして殺される」ということだわねえ。

だから、「近代の原理が、神や、預言者、救世主等を殺し続ける原理を持っている」というのは間違《まちが》いないね。

「近代の原理のなかで、どういうふうに自己を表現するか」っていうところについては、かなり難しいでしょうねえ。

スーパーマン的に空を飛べるのか、弾丸《だんがん》も通さないのか、火のなか水のなか、自由に飛び回れるのか。そういうことでも見せられれば、この世的な人には分かりやすいけども、そうじゃない、単なる言論だけであれば、救世主を名乗るマスコミ集団圧力には、そう簡単には勝てない。個人ではね。

酒井　「証明せよ」ということになりますよね。

カント　そう、そう、そう。もう、向こうには、何千人とか、万の単位の人とかもいるわけですから。

また、彼らは、主体的な証明をしなくてもよくて、何か、相手のあらを発見すれば、それで引っ繰《く》り返せる。

酒井　ええ、そうですよね。

カント　これは、最近の日本の政治で言えば、「いろんな大臣たちの落ち度を、ちょっと引っ張り出せば、それだけで引っ繰り返せる」っていうやつだな。この面《おも》白《しろ》さは、何とも言えんだろうね。「建設するんじゃなくて壊《こわ》すだけだったら、実は、積《つみ》木《き》の一つでも抜《ぬ》けば壊れる」っていうものだよね。

酒井　そうですね。

カント　まあ、これでも、機能を果たしてないわけではないんだけど、何か、釈然《しゃくぜん》としないものが残ることは事実だねえ。「団扇《うちわ》か、文書か」みたいな感じの議論をやってるんだろうな（注。十月七日、松島《まつしま》みどり元法相が、似顔絵や政策が書かれた団扇を選挙区内のお祭りで配っていたことに対し、「寄付に当たり違法《いほう》だ」という訴《うった》えがあったが、松島氏は「団扇のような形をしているが討議資料だ」と反論した）。

民主主義のようでもありつつも、なんか、バカらしくなってくるような議論でもあるような。

宗教競争の例から見る「民主主義的な多数決の怖《こわ》さ」

酒井　カント先生は、証明できないもの、背反《はいはん》するものとしての、「神はいる」「いない」ということに対しては、結局、最終的には、頭で考えたら……。

カント　これはきついですよ。最終的には、民主主義的に多数決で決めるとなると、これは、神様だって〝殺され〟かねないですからね。

酒井　はい。

カント　確かに、殺されかねないね。

酒井　カント先生の知性で、ここを知的に、あるいは、理性的に説得していくには、どうしたらよいのでしょうか。

カント　いやあ、難しいよぉ。イスラム教は、百パーセントに近い信仰を国では持ってることが多いけれども、例えば、もし、イスラム教が宗教競争で勝ち、信者が四十億人とかになって、多数になった場合、キリスト教は異端《いたん》ということになる(苦笑)。そうしたら、キリスト教徒は、みんな、迫害《はくがい》を受けて、殺されたりすることだってあるわけですから、大変なことにはなるでしょうねえ。怖《こわ》い原理だと思うね。

だから、「政治」と「宗教」の分離《ぶんり》にも、いいところも悪いところも、両方あると思います。どっちとも言えない。転び方によってはねえ……。

5 「霊言《れいげん》」は「現代の啓蒙《けいもう》」たりうるか

「霊言《れいげん》をイタコ現象と言えば、宗教を全部否定することになる」

磯野　少し角度を変えて、「霊言《れいげん》」に関する質問をさせていただきます。

現代社会の問題点として、神仏、霊魂やあの世の存在を否定する唯物論《ゆいぶつろん》、無神論が蔓延《まんえん》しており、その背景には、「証明できないものは信じられない」という考え方があるように思います。

この地上において、証明することが難しい「あの世」「神の世界」を、多くの人たちに分かるかたちで示すために、歴史上、さまざまな宗教家や哲学者が存在証明を試みており、現在、幸福の科学を中心に、「霊言」による「あの世の存在証明」がなされようとしております。

今、まさにカント先生も霊言を降ろしてくださっていますが、「現代の啓蒙《けいもう》」としての霊言について、どのようにお考えでしょうか。

カント　まあ、難しいでしょうねえ。やっぱり、カント学者というか、そういう哲《てつ》学《がく》者で理性がどうの、悟性《ごせい》がどうのと、いろいろと言語で分析《ぶんせき》して考えている人たちから見れば、「カントの霊言」なんていうのが出てきたら、「バカバカしい」という感じになりますね。普通《ふつう》、第一印象としての判断はそうでしょうね。

あとは、「(カント哲学を) ちょっとかじった人が、創作でこのくらいのものを書いたのだろう」ぐらいに言いたがるのが、普通であろうねえ。

あるいは、逆に言えば、カントを信仰《しんこう》しているというか、尊敬しすぎている人であれば、「もし、こういう霊言現象があるとしても、カントほどの人が出てくるのはおかしい」という考えもあろうから。それは、君たちも今、迷惑《めいわく》しているとは思う。

霊の言葉を伝えるとき、みんな、「イタコ現象だ」というふうな言い方をするけれども、それを言うんだったら、『旧約聖書《きゅうやくせいしょ》』からの預言者の歴史も全部否定されていくし、イスラム教も否定されるし、キリスト教もたぶん否定されるし、日本神《しん》道《とう》も否定されていく。つまり、宗教を全部否定していくかたちに必ずなるからねえ。だから、近代の哲学ぐらいまでは生き残れるけど、それ以前は生き残れなくなるだろうねえ。

ある種の「新しい救世運動」だった哲学《てつがく》

カント　そういうもの（霊言）が主流になりつつあるということですが、そういうふうにしたほうが、「印刷物として教科書にし、大勢の人を学ばせることができる」というメリットは、たぶんあるだろうけどねえ。

だけど、「カントが霊言するということを、カント信奉者《しんぽうしゃ》たち、あるいは、カントの研究をしている人たちが信じるか」ということですが、まあ、嫉妬《しっと》もあるからね。人間としての嫉妬もあるのでね。

カントを研究している人は、カントが好きなわけですよ。カントが分からないからこそありがたくて、ご飯が食べていける人たちではあるわけだから、分かりやすい「超訳《ちょうやく》霊言」みたいなことをすぐにやられると、彼らから見たら、君たちは、本当に柿泥棒《かきどろぼう》みたいな存在になるわけですよ（笑）。「そういうことを易々《やすやす》とやってくれるな」というところでしょうかねえ。

だから、（霊言について）教わったこともないので、どうしても（カントだと）思うことができない人もいるし、「カントの思想はみんな、カントの脳から生み出されたものだ」というふうに考えている人も当然いるだろうからねえ。

だから、非常に残念なことだとは思っている。

まあ、哲学《てつがく》も、ある種の「新しい救世運動」ではあったんだけどね。昔は、「片手に『コーラン』、片手に剣《けん》」じゃないけれども、「救世主は、その教えと政治的実行力でもって民《たみ》を信服《しんぷく》させる」という方法を採《と》っていたので、剣を取らずして、哲学的なもので真理を弘《ひろ》めようとする「救世運動の変形」ではあったんだけどもねえ。

信仰《しんこう》が持つ「根本的矛盾《むじゅん》」についてどう考えるか

カント　だけど、残念ながら、凡人《ぼんじん》のほうが多いから、理解できない流れがあり、理解できない人を理解できるようにしていくと、簡単なところだけをつまんでくるようになってくる。「大勢が賛成するところばかり取ってくると、結局、正反対の原理が出てくる」というようなことだよね。

それは、信仰《しんこう》が持つ根本的矛盾《むじゅん》みたいなものかねえ。

神は、よく人類に対して理不尽《りふじん》なことを仰《おお》せられるからねえ。今の人はもう信じられないでしょう。「昔の神は、神との約束を破ったら、人類を滅《ほろ》ぼしてしまう」みたいなことはね。火の雨を降らしたり、硫黄《いおう》の雨を降らしたりするようなこととか。

例えば、カルメル山上《さんじょう》で、ヤハウェを信じない人たち四百五十人に対して、天から燃える石を降らせて焼き殺し、エリヤだけが生き残る。君らから見たら、宇宙から来たものによる大量殺戮《さつりく》にしか見えないでしょうね。宇宙船から〝大量殺戮光線〟

が降ろされて、皆殺《みなごろ》しにされたようにしか見えないでしょうけど、そういうことを信じさせるのが、宗教だからね。

だから、現代においては、極《きわ》めて不利な立場にはあると思うよ。「フィクションならいい。エンターテインメントならいい。ただ、事実だったら困る」というところはあるわねえ。

昔の預言者の力を超《こ》えている「現代の天文学・気象学」

綾織　少しアドバイスを頂ければと思います。私たちとしては、「霊言」が現代における最も重要な啓蒙活動だと思っているのですが、これを啓蒙活動として効果あらしめるために必要なものはありますでしょうか。

カント　やっぱり、それを言うと、悪魔《あくま》と間違《まちが》われるから言いにくいんだよなあ。

綾織　そうですか。

カント　それを言うと、悪魔だと思われるわねえ。だから、やっぱり、一通《ひととお》り〝沈《しず》めて〟しまわないと駄目《だめ》かもしれない（笑）。間違った思想を持っている人の数が多すぎるからさ。これはどうしようもないわね。教育……。

酒井　それは、先ほど、おっしゃっていた神の立場ですが。

カント　そう。神の立場に立てば、そうするしかないでしょうねえ。人間の立場に立ったら、抵抗《ていこう》するでしょうね。

酒井　それも理不尽ということになりますけどね。

カント　だから、神の正体について、結局、人間は理解できなくなってきたと思うんですね。神は人間を弾圧《だんあつ》してばっかりいる。抑圧《よくあつ》したり、弾圧したり、禁圧したり、禁止したり、迫害《はくがい》したりばっかりする。こういう神に、ほとほと嫌気《いやけ》が差してきつつあるんだと思うんだよねえ。

酒井　ただ、そこには、「人間の傲慢《ごうまん》」というものはないのでしょうか。

カント　あるよ。あるけどね。自然の実りから、天候から、穀物の穫《と》り入れから、いろんなものを、全部、神の恵《めぐ》みと思っていたからね。お日様が昇《のぼ》るのも神様の恵みだと思っていた信仰から見れば、現代の「天文学」や「気象学」など、いろんなものは、いわゆる昔の預言者の力を超《こ》えているよな。はっきり言ってね。

そういう意味で、厳しいものはあるわねえ。太陽が昇るのは、神様の力ではなくて、昇る理由は、みんな分かってしまっているわなあ。台風が来る場合、一週間前にはすでにコースまで予想するわなあ。降水量まで予想してくる。
いやあ、実に預言者は〝商売あがったり〟だよね。もう、やってられない状態でしょう。

「霊言《れいげん》」を科学的に再現することは難しい

綾織　霊言《れいげん》は霊言としてあるわけですが、一方でこれを知性や理性でしっかり考えていく場合、学問として霊言を研究して、現代人にも受け入れられる結論なり、方向性が出せてもいいのではないかと思うのですけれども。

カント　うーん、難しいだろうねえ。
やっぱり、今の科学は、誰《だれ》がやっても同じ結果が出る、「再現可能性」みたいなものを真理の証明みたいに捉《とら》える〝信仰〟が立っているからねえ。

確かに、何人かは霊言ができるような人も出てくるし、今後もつくる可能性はあると思うけども、全員が一緒《いっしょ》になるわけはないだろうから。いろんな人がいろんなことをしゃべり始めたら、これはまた、バベルの塔《とう》を建てようとしたあと、言語が分からないようになって、人類が分裂《ぶんれつ》するような現象が起きるから。だから、真理を広げるより、教団分裂するほうが早くなる可能性もないわけじゃないよなあ。

そういう意味で、「(霊言では) 科学的に誰がやってもそのやり方でやれば、同じ現象が起きて、同じ結論が出てくる」ということは、原理的に難しいことであるので、個人崇拝《すうはい》的なかたちが出てきやすい。それは、あなたがたが嫌《きら》っている全体主義かつ、女王蟻《あり》、女王蜂《ばち》独《ひと》りだけがいるスタイルに極めて似てくるんだよな。

だから、自己矛盾を起こしてきやすいわなあ。結局、神の霊示《れいじ》が降りようが、降りまいが、そうした独裁者であれば同じようなことができるわけだからね。

「最高善」に導く法則を抽出《ちゅうしゅつ》することがカント哲学《てつがく》の課題

酒井　ただ、かたちは似ていれども、やはり神は「正しさ」を示すではないですか。「善悪は、死後もそのまま支配をし続ける」とカント先生が語られたように、善悪によって判断できると思うんですよ。

カント　だから、「法則としての神」は、ある程度、私も認めていってはいるわけだけど、人格神《じんかくしん》としての、例えばギリシャ神話に出てくるような、人格が非常に人間によく似た、喜怒哀楽《きどあいらく》がはっきりしすぎた神様とか。まあ、ほかの宗教でもあるとは思うけども、そうなってくると、「人間が間違いを犯《おか》すように、一定の間違いも起きるのではないか」という恐《おそ》れを感じないわけではない。

だから、「そのなかから、純粋《じゅんすい》な法則の部分だけを取り出していかないといけないのではないか」というのが、理性の考え方ではあるわけね。

酒井　学問的に霊言を学んでいくんですね。

カント　ヒットラーだって、「霊能者だった」という説もあるわけでしょう？　やっぱり、何らか〝神がかって〟きたことは間違いないわね。彼の演説とかを見れば、神がかってきたことは間違いないけど、正しいものであったかどうかということは、やっぱり「結果」で判断されて、みんながなかなか信用しなくなっていったということでしょう。

勝《か》っているうちは、みんな信じていたと思われるけどね。成功していたうちはね。だから、そういうことがあるので、判定は極めて難しい。

だから、そういう、人によるものにしないで、何かルールや法則のようなものを抽出《ちゅうしゅつ》していく。「この法則に則《のっと》れば、少なくとも『最大多数の最大幸福』といわれるものに近づいていくような『最高善』が導き出せる」というものを抽出していくことが、私の哲学《てつがく》の課題であったわけです。「あまり個人に帰《き》さないで、法則みたいなものをつくり出していこう」ということです。「カント信仰やカントの託宣《たくせん》で、すべて解決できる」みたいな考えでなくて、「人類普遍《ふへん》の法則みたいなものを出して、それに基《もと》づいて判断しよう」という感じを出そうとはしていたんだけどねえ。

「国連」「民主主義」「マスコミ」に見る理性的なルール

綾織　それについて、今の学問が行うとすれば、どういうやり方がいちばんいいのでしょうか。

カント　まあ、国連なんかも、私の思想から出てるわねえ。「ある程度、国際間で連合をつくって、判断して、多数が考えることに服従するような契約《けいやく》をすれば、神が天から火の石を降らさなくても治めることはできるのではないか」ということです。これは、一種の理想であり、理性的なルールと言えばルールだわな。まあ、そういうこともある。

あとは、政治的なものもある。結局、民主主義的なものも完全な善とは言えないけども、国民に抵抗権というか、悪徳支配者が出たときに、それを追い出す権利があるわけだから。これはやや「性悪説」に傾《かたむ》いていることは否《いな》めないけども、そういう悪代官《あくだいかん》、悪王《あくおう》を追い出すための制度ではあるわね。歴史的にはそういう特権を伴《ともな》えば、そういうことになる。

だから、今の日本だって、民主主義といっても、自民党とかの政治家では、四割ぐらいは父親の地盤《じばん》を継《つ》いでいるような人がなっている。それが、すぐ大臣になってくる。そうすると、ちょっとしたことでつついて、それを追い落とせる。ちょっとした〝週刊誌権力〟ぐらいで追い落とすことができるということは、もしかしたら、結果として間違っている可能性もないわけではないんだけども、少なくとも、「石つぶてを受けながらでも、信念を貫《つらぬ》くぐらいの人物かどうかを見るための試練にはなる」ということは言えるわね。

だから、「小さな悪」が「大きな悪」を防ぐ面もあることはあるんだよな。

これについて、何らかのルールをつくり出そうとして、近代はもがいているわけですけども、マスコミがつくる社会倫理《りんり》みたいなものにも、根本原因的には、私以降の哲学の流れが入っているだろうと思うんですよ。

だから、みんな、「最高善を実現するための社会ルールとは何ぞや」ということを、禅《ぜん》の公案風に考えてやっているわけです。それで、間違うことはあるけどね。あるときまでは当たっていたものが、ある時期を越えたら当たらなくなるものもあるしね。そのへんにも幸・不幸はあるし、新聞だって淘汰《とうた》されてなくなっていくものもあるからね。

そういう意味で、非常にイノベーションの時間が短くなってきているわねえ。

6 「マスコミ権力」と「宗教の権威《けんい》」との関係

カントが感じている「宗教の限界」とは

綾織　少し疑問なのが、先ほどから、「後進性のあるものを取り除いて、これから遺《のこ》るものを遺す」というお話をされていると思うのですが、ここの部分を具体的にどうするのかが分からないところです。現代において、どうすれば、それができるのでしょうか。

カント　だから、マスコミのほうから見ればね、今のところは、ここで大川総裁が霊言《れいげん》をして、いろんな死んだ方を判定するし、生きた人の守護霊《しゅごれい》も呼んだりして、「この人はどういう筋《すじ》の人か」と判定するのを、ある程度、受け入れてもいいとは思う。

けれども、例えば、マスコミの側が、まだ大川総裁が判定していない人に対して、同じように何らかの原理に基《もと》づいて、「この人は危ない」とか、「いける」とかを判定するようなルール、要するに「理性の抽出《ちゅうしゅつ》」ができるかどうか。それを抽出できるのなら、自分らもそれを使えて記事が書けるけど、（大川隆法に）伺《うかが》わなければ、全然、分からないという状態であれば、自分らの仕事が成り立たなくなっていくわけよね。

あとは、大川総裁がいなくなったあと、これを判定できるのか。死んだ人、あるいは、生きた人の善悪を判定できるのか。神の心に適《かな》っているのかを判定できるのかどうか。このへんに、宗教の限界があるというふうには感じるわけね。

天国・地獄《じごく》は「自己中心」であるかどうかで分かれる

酒井　カント先生は、あの世に還《かえ》られて、「天国に行く人」と「地獄《じごく》に行く人」のいちばんの違《ちが》いは何であると見られましたか。

カント　まあ、「哲学者《てつがく》カント」といえば、天国・地獄はそんなに大きな問題ではないんだけどねえ。

簡単に言えば、「エゴイストか、エゴイストでないか」だけの違いなんだと思うんですよ。「自己中心の人は地獄に行っていて、自己中心じゃなくて、他人や社会の幸福を目指して生きていた人は天国に行っている」と。宗教的な原理を使わずに、簡単に言えば、そういうことだと思うけどね。

酒井　そういう人物を分ける精神性とは何でしょうか。

カント　そこが今、マスコミが一生懸命《いっしょうけんめい》にやっているところでもあるんでしょう。そういう超能力《ちょうのうりょく》を持っていない身ではありつつも、その人に「野心」とか、「利己心」とか、「野望」や「欲心《よくしん》」みたいなものがあるかどうか。

例えば、集めた政治資金を何に使ったかとか、記載《きさい》でわざと載《の》せないようにするとか、団扇《うちわ》をつくっても、「それは文書だ」と言い張ったりするようなことが善であるか、善でないかとか。

まあ、マイナーではあるし、神様に任すには、ちょっと忍《しの》びないほど細《こま》かい内容であるので、人間でもって、利己心が強い人か、それとも利他心《りたしん》が強い人なのかを分けていこうとしているわけです。利他心よりも利己心のほうが強いというか、もらっているもののほうが多い人というか、人から取っていくものが多くて、「(人に)あげるものよりは、もらうもののほうが多いタイプの人」を〝撃《う》ち落とそう〟としているところは、マスコミの原理でしょう。

そういう意味では、いちおう天国・地獄を分ける機能や原則を持っていなければいけないわけよ。

ただ、実際には、週刊誌の別や、新聞の別、テレビの別があるように、判断が分かれることがあるから、人々から見れば、どれを信じたらいいか分からなくなることがある。そのため、別の宗教に属しているのと同じようなことが、原則、起きてくるんだよな。

宗教に対して「権威《けんい》」「影響力《えいきょうりょく》」までは認める日本の状況《じょうきょう》

酒井　少し話が変わってしまうかもしれませんが、立花隆《たちばなたかし》氏の筆曰《ふでいわ》く、公共放送で死後の世界を否定したため、幸福の科学のような宗教は、商売あがったりになるそうです。

公共放送などは、ほぼ国の権力そのものですし、マスコミ権力が国の権力になっているのですが、権力が宗教とどうかかわるべきなのかという点についてお聞かせください。

カント　まあ、最終的には、価値判断で判断するのは難しいところがあるから、現代的には「数の力」が影響《えいきょう》しているのだろうとは思うよね。

今のところ、政治のほうが宗教よりも多くの支持票を集めることができるので、少なくとも与党《よとう》になる第一政党に関しては、宗教以上の支持を集めることができるし、その信託《しんたく》によって行動を起こしているということだから。宗教はいろいろあるけども、その宗教が持っている神様の声を信じている人々よりも、そちらのほうが力があるということだ。

すでに（信者が）何億とか、何十億とかいう宗教もあるけども、そこにいるトップの法王だとか、カリフだとか、そんなような人は神の声が聞こえないという状況《じょうきょう》だからね。

もし、聞こえるんだったら、大きな問題が発生してきますけどね。ローマ法王が、「神は今、こうおっしゃった」というようなことを演説でおっしゃるとなったら、これまた大事《おおごと》ではありますね。「神は『空爆《くうばく》せよ』とおっしゃった」、あるいは「『空爆するな』とおっしゃった」というようなことが聞こえて言える立場であったら、この世の権力とは十分にぶつかる内容を持っているだろうねえ。しかし、なぜか、そういう力を与《あた》えたまわない。まあ、不思議なところであるわな。

そういう結果によって善悪が分かれたり、交互《こうご》に出てきたりするようなものに関しては、「地上の人間が責任を取れ」ということで動いてるのだろうとは思うんだけどね。

まあ、君たちに力がないとは言わないけども、現在の日本全体の状況を見るかぎりは、宗教は「権力」にまでは至らないで、「権威《けんい》」、あるいは「インフルエンス（影響力）」まではよろしいと。「権威」もしくは「影響力」としてはよろしいと。「具体的権力まで持つとしたら、これを誰《だれ》がどのようにチェックするか、食い止めるかということは非常に難しいことになるだろう」と思っているあたりかな。


「普遍《ふへん》的なもの」と「個人的なもの」との区別は難しい

綾織　先ほど、「大川総裁がいなくなったあと、宗教に限界がある」というお話がありましたけれども、これは、幸福の科学として、非常に大きな課題になると思います。大川総裁が説かれなかったものについて、どのように正しさを求めていくかは非常に難しいテーマだと思うんですけれども。

カント　説かれなかったものだけでなく、説いたものだって問題はあるよ。

だから、今日の言い方によっては、あとで、カント学者は、みんな干上《ひあ》がってしまって、「カント（の著作）は絶版が相次《あいつ》ぐ」ということだってあるわけだから。本日ただいまであってもね。「これはもう駄目《だめ》だ」ということになったら、そういうことはあるわけだから。現在ただいまにだって、被害《ひがい》が出ないわけではないからね。

そのなかにあるものが、全部、普遍《ふへん》的なものなのか、個人の趣味《しゅみ》が入っているものかどうか。これは難しいところだね。神様の言葉で、「牛は食べちゃいけない」というのもあれば、「豚《ぶた》は食べちゃいけない」とか、「クジラは食べちゃいけない」とか、いろいろあるかもしれないけど、もしかしたら、預言者個人の食習慣や文化習慣によるものかもしれないからねえ。このへんは難しいわなあ。

綾織　そのなかで、おそらく、大学という機関ができて、大きな役割を果たすという感じがするのですが、これからの学問を考えたときに、「学問と宗教の関係」というのは……。

カント　さあ、それも難しいなあ。宗教としてはメジャー化して、ある程度、意見が通っていたのが、大学をつくると、大学のなかではメジャーではないから、マイナーなところから始めるとすると、「学問的に発言力が大したことはない」ということになって、別の悩《なや》みが生まれないわけでもないからねえ。

そういう意味で、戦力の分散《ぶんさん》になってしまう可能性もないわけではないねえ。

7　カントは現代の国際情勢をどう見ているか

「みんなが真似《まね》をしたら、世の中はどうなるか」という判断原理

磯野　先ほど、カント先生は、「預言者に降りてくる啓示《けいじ》を頼《たよ》りにせず、各人が正しさを求めていくには、どうしたらいいのか」ということをおっしゃっていたように、私は理解させていただきましたが、学問の世界において、「正しさとは何か」を求める姿勢をどのようにとればよいのかについて、教えていただけますでしょうか。

カント　だから、私が言ってることはねえ、「いいことか、悪いことかは、なかなか分からないけれども、リーダーがやることを、ほかの人が真似《まね》して世の中がよくなっていくことなら、やっていいことだけど、その人がやることを、みんなが真

似して世の中が悪くなるのなら、それは悪いことだ」と。そういうものについて、「格率《かくりつ》」という言葉を使っているけどもねえ。

例えば、選挙資金の使い方については、各人は自分の都合《つごう》のいいようになるべく使いたいだろうけども、その人がリーダーなり、総理大臣になるようなタイプの人だとした場合、「その人のしたことはいいことかどうかは、みんながそれを真似したら、世の中は、どういうふうになるのか」という判断になるわけですよね。

もし、団扇《うちわ》がいいのなら、下敷《したじ》きはどうなるのかとか、ノートブックはどうなるのかとか、いろいろあるわけですけども、まあ、みんなが真似してもいいことであれば、それは、いいことだろうけど、みんなが真似したら困ることになるなら、よくないことなんだろうね。

あるいは、政治資金を出資させておりながら、「彼らに劇を観《み》せたんだ」と言いつつ、実際は、払《はら》ってないのに観せたということであれば、「票の買収に当たる」ということで、それを、ほかの人に真似してもらったら困るなら、よくないことなんでしょうね。

私が言っている、簡単な原理はそこです。「人の上に立つ者が、最高善を目指していくためには、どうしたらいいか」ということですが、「自分がやることを、ほかの人が真似することで、世の中がよくなっていくのならば、それは、よいことであり、真似されたら困るならば、それは、よくないことなのだ」ということですよね。

簡単に言うと、そういうことです。

「善悪の基準」は、何によって変わるのか

酒井　先ほど、カント先生は、平和の話もされていましたが、今、示された観点から、特に、中国などを念頭に置きつつ、「国際正義」について、お言葉を頂きたいのですけれども。

カント　うーん。まあ、これも微妙《びみょう》なところがあるよね。もし、中国が、本当に、

世界最強国になり、最大の経済国になって、「中国の支援《しえん》がなかったら、アメリカもヨーロッパも、あるいは、アジア・アフリカの国も、経済が成り立っていかない」っていうところまで力を持った場合には、善悪の観念が変わってくる可能性はないわけではないので。今、ここで、しのぎを削《けず》っているところでしょう？

要するに、中国は、景気が減速したけれども、「七パーセント台の成長をしている」とか言っている。一方、日本は、「アベノミクス」とか言って、「経済成長を目指している」と言いつつ、やはり、限りなくゼロ成長に戻《もど》っていこうとしているところでしょ？

ところが、ゼロ成長にもかかわらず、税金は増税しようとしているっていう……。まあ、客観的に言えば、これは、悪代官《あくだいかん》風の動きに見えなくはないですが、まだ、「自分たちのどこが違《ちが》っているのか」について見えてない部分があるだろうねえ。

だから、「善悪の基準」といっても、国のレベルが変わり、勢力地図が変わってきたときに、変わることがあるので。

例えば、アメリカが没落《ぼつらく》してしまい、ライバルのほうが強くなったら、やっぱり、アメリカの正義は廃《すた》れていくだろう。廃れないためには、アメリカがイノベーションをかけていかなければいけないけど、それには、難しいところがあるわなあ。

「永遠平和」を実現していくための方法とは

綾織　カント先生は、ご生前、『永遠平和のために』という著作を出されたわけですけれども、現時点で、改めて、平和構想を打ち立てるとしたら、どういうかたちになりますでしょうか。

カント　うーん。国連があるけれども、その常任理事国が、けっこう、いがみ合ってる状態なので（苦笑）、これも難しいところだわねえ。

でも、意見が合わないっていうことも……、まあ、多様な意見の揉《も》み合いという意味で、それには、そういうところもある。

いつも、全部意見が一致《いっち》するっていうのも、怖《こわ》いことは怖いからねえ。常任理事国の意見が、いつも、全部一致するっていうんだったら、常任理事国じゃない国には、もう生きた心地《ここち》がしないところがあろうね。「いつ攻撃《こうげき》されるか分からない」という状況《じょうきょう》に陥《おちい》るからね。

まあ、そのへんは難しいことですけど、やっぱり、全体の思想のレベルを上げていくような努力を、不断に続けていく以外に方法はないだろうね。一個一個の事件を経過しながら大人になっていくことが、啓蒙《けいもう》なんだろうと思うんだよ。

「彼らが正義だと思ってることは、実は、そうではない」と分からせることができないので、テロ問題等も収まらないいんだろうからね。

酒井　あの著作のなかでは、「各国の軍備をなくしていくべきだ」ということも語られているのですけれども、例えば、今の日本で言うと、社会主義者によって、逆に、それを利用されている面もあると思います。

カント　うーん。これは難しいな。社会主義者といっても、外国の社会主義者は、軍備拡張をしますからねえ。一方、日本では、「社会主義者」というのが、別な意味で使われてるんだと思うので……。

酒井　日本では、「平和イコール軍備縮小」です。

カント　それで、先の大戦の前に、軍備縮小したために負けたんでしょう？　結局は。

酒井　ああ、カント先生は、そういうお考えでいらっしゃるのですね？

カント　うん。そうでしょ？　英米と日本との比率を変えられたんでしょ？

酒井　そうです。

カント　「戦艦《せんかん》はここまで。航空機はここまで。航空母艦は何隻《せき》まで」っていって、つくった軍艦まで〝スクラップ〟にさせられたんでしょ？　要するに、列強の圧力で勝てないようにされていて、その後、やっぱり、戦争が起きた。先進国は、そのときに勝てるようなルールを、自分たちでつくったということだよね？

酒井　そうです。

「今の状況《じょうきょう》における軍備縮小」に対して、カントが出した答え

酒井　では、「軍備イコール悪」ではないということで……。

●「戦艦は……」　1922年、ワシントン海軍軍縮条約で、戦艦、航空母艦等の保有制限が決められ、その保有比率は、米・英5，日3，仏・伊1.67となった。

カント　いやあ、そら、縮小するなら、ほかも同じように縮小しなきゃいけないだろうからね。

酒井　この状況《じょうきょう》のなかでは、やはり、難しいとお考えでしょうか。

カント　そらあ、難しいよ。今は、「イスラム国」の問題とかも出てるけど、彼らに核《かく》ミサイルを持たせるとどうなるかって（笑）、そらあ、発射するだろうよ。な？　簡単に言えばね。

酒井　はい。そうですね。

カント　だから、渡《わた》さないようにするために、必死で戦わなきゃいけない。持ってたらやるでしょうね。だって、空爆《くうばく》を受けてるんだもの。それは、撃《う》ち込《こ》みたかろうなあ。

そういう意味で、「正義」っていうものには、非常に難しいところがあるとは思うよ。

ただ、最終的には、やっぱり、私が言ってるように、「その考え方が、ずっと広がっていくと、どうなるか」っていうところを予想するのが、理性だと思うんだよね。それしか方法はないでしょう。

酒井　なるほど。

カント　例えば、「イスラム国の勢力が、他を吸収して、無限に拡大していったら、世界がどうなるか」っていうことを考えると、たぶん、世界は、テロの恐怖《きょうふ》のなかに押《お》し込まれていくことになります。そうであれば、正義的には、エボラ出血熱と同じで、早いうちに防がなきゃいけないということになるでしょうねえ。

ということになりますと、軍事力の行使には、必ずしも、悪とは言えない面があると思うねえ。

8　カントは今、天上界《てんじょうかい》で何を指導しているのか

救済力を失い、〝絶滅危惧種《ぜつめつきぐしゅ》〟になりつつある二十世紀以降の哲学《てつがく》

酒井　カント先生は、現代の国際政治についても、お詳《くわ》しそうなのですけれども、今、天上界《てんじょうかい》で、何をメインのお仕事とされていますか。

カント　うーん。まあ、天上界では、コーヒーを入れたり……。

酒井　（笑）

カント　牛の乳を搾《しぼ》ったりすることもあるし、散歩したりすることもあるし……。

綾織　はい。どういう方と、ご一緒《いっしょ》されていますか。

カント　ええ？　まあ、牛飼いだとか、喫茶店《きっさてん》のマスターだとか……。

酒井　（笑）いえ、コーヒーの銘柄《めいがら》などを訊《き》きたいわけではなくて、カント先生が、この地上に対して、どういうインスピレーションを送り、どういう指導を与《あた》えていらっしゃるかという……。

カント　うーん、だから、二十世紀になってから、哲学《てつがく》は役に立たなくなってきたのでね。もう哲学も終わりつつあるわけよ。寿命《じゅみょう》はすごく短い。一つの宗教にある寿命もないかもしれないので。二十世紀以降の哲学は、もはや「救済力」を失いつつあるわなあ。

御用《ごよう》哲学になるか、人の心の救済にまったく関係ない世界で遊び始めるか、どっちかになってきつつあるから。今、もう、限りなく、〝絶滅危惧種《ぜつめつきぐしゅ》〟になってきつつあると思うんだよな。

ジャーナリズムに流れているソクラテス的姿勢

綾織　最近の霊言《れいげん》で、「哲学」と「ジャーナリズム」は、非常に関係が深いという話が出てきているのですけれども……。

カント　そうかもしれない。うん。「無知の知」を明らかにするソクラテス的姿勢が、ジャーナリズムに流れていると言えば、それは、そうかもしれないが……。

綾織　ジャーナリズムの方面に影響を与えていますか。

カント　真理そのものを提示することはできないけども、真理を覆《おお》ってるものを引っ剝《ぱ》がすことぐらいなら、人間の仕事として、できないわけではない。
たいていの人は、必ず、悪いものを隠《かく》そうとするからね。みんな、悪いものは見られたくないし、隠そうとする。それを明らかにすることで、真実が現れる。「真実が現れたときに、もつ人、あるいは、もつ体制であるかどうかを見れば、自然に、神の裁きは降りてくる」という考えが、ジャーナリズムのもとだとは思うんだよな。
いずれにしても、そういう知識の、考え方の体系がいろいろあるけど、私には、そのバックボーン的なところで、ちょっと、〝乳搾《ちちしぼ》りして歩いてる〟っていうところは、あるかもしれないけどね。

酒井　体系というのは、具体的に言うと、どういう体系なのでしょうか。

カント　いろいろな宗派《しゅうは》の違《ちが》いじゃないけども、知識の傾向性《けいこうせい》が、いろいろあるじゃないですか。

酒井　うーん。

カント　その乳搾りで、「どの程度の強さで搾るか」っていうのをやってるところは……（笑）。

現在のカントが関心を寄せているテーマとは

酒井　具体的には、今、どういう方面に……。

カント　うーん、具体的には……。まあ、「世界で紛争《ふんそう》が拡大しないようにするためには、思想の方向をどっちに持っていくか」っていうところあたりに、関心はありますけどね。

酒井　国際政治ですね。

カント　例えば、「この人の発言力を、ちょっと強めよう」とか……。

酒井　なるほど。

カント　「これは、少し衰退《すいたい》させて、抑《おさ》えていかなきゃいけない」とかね。そういう方向性は、ちょっとある。

綾織　強めたい方というのは、どういう方なのでしょうか。

カント　今、いちばん関心があるのは、やっぱり、「正義論」のところあたりではあるんだけどねえ。「何をもって、現代の正義とするか」が問題で、「神のご託宣《たくせん》を受けずして、正義論を考えようとしているところは正しいかどうか」っていうところだよねえ。

酒井　ええ。

カント　あとは、アメリカが強国のときには、それにただ従っておればよかったが、そうでなくなったときの正義論は、いったいどうなるかだよね。中国は今、その正義論に挑《いど》んでるんだと思うんだよ。

綾織　うーん……。

酒井　今、それを受け止められる方は、どのあたりにいるのでしょうか。

カント　それは、まあ、各国霊界《れいかい》には民族神的な方がいるんだとは思うけども、民族神的な方は、やっぱり、ある程度、自分の国の発展を願ってるところはあるし、それで、外国にちょっかいを出そうという気持ちも、多少はある。

「それがどの程度まで行くのが幸福か」っていう判断があるね。先ほど言った、「カントの格率《かくりつ》」と同じで、「それがどこまで広がることが幸福であるか」っていう判断はあるだろうと思うんだよね。

「中国」と「イスラム圏《けん》」を大きな問題と考えているカント

カント　確かに、今、大きな問題は、おっしゃるとおり、中国だ。中国が正しい方向に行き、人類の〝不幸の製造工場〟じゃなくて、〝幸福の製造工場〟のほうに変われるかどうかっていうことが、大きな問題で……。

酒井　ええ。

カント　もう一つは、やっぱり、イスラム圏《けん》で、これが自由な国になることが、イスラムの堕落《だらく》になるのか、それとも、イスラムを改善して生き延びさせるための「イノベーションの原理」になるのか。それが、大きなところだねえ。

ただ、イスラム圏自体は、基本的には、貧しい国が全体的には多いし、共産圏も、もともと貧しい国をベースにしてるからね。

宗教では、貧しい国を救いたいっていう思想自体はよく出てくるわけだから、彼らのリーダーが、正しい指導力を発揮すれば、確かに、国力を上げたりして、救うこともできるだろうけども、富が出てきたときに、その富を一部に独占《どくせん》されすぎると、不満が起きて、また革命が起きてくるっていうようなこともあるしねえ。

いやあ……、実に難しい。

まあ、私の力も、限界は限界なんだけども、宗教ということであれば、民族を超《こ》えてまで広がるのには、なかなか難しいところがあるのを、哲学ということで、普《ふ》遍《へん》的な学問のように見せて、人類を貫《つらぬ》くような原理がつくれればありがたいかなと。宗教的に洗脳されているわけではなくて、一種の、「学問的な理性に基《もと》づく正義」で、世の中が引っ張っていかれるということが受け入れられるんだったら、ありがたいなと思ってるわねえ。

「新世界秩序《ちつじょ》」を説く幸福の科学と世界とのかかわりをどう見るか

綾織　そうすると、カント先生は、政治家というよりも、学者など、そういう思想的な仕事をしている方に影響《えいきょう》を与えているのですか。

カント　うん、まあ、そんなのの元締《もとじ》めの一人でしょうね。そういう人の一人と思っていいと思いますが……。

綾織　具体的に、「この人」というのは……。

カント　うん？　具体的に、うーん……。いや、難しいんだよ。ほんとねえ、判断が難しい……。

例えば、インド独立運動をするときに、イギリスが、長年支配し、統治もしていたなかで、「非暴力」、「無抵抗運動《むていこう》」で、〝塩の道〟をつくって、ただただ歩き続けたガンジーを応援《おうえん》するか、統治側を応援するか。

あるいは、ネルソン・マンデラみたいに、二十七年間も獄中《ごくちゅう》にいて、テロリストだといわれている人を、テロリストではなく、大統領にするのが正義だというふうに考えるかどうか。

あるいは、今であれば、香港《ホンコン》の学生デモ　対　十四億の北京《ペキン》政府の統治のクレディビリティー（信頼《しんらい》性）で、未来にとって、どっちが選ばれるほうがいいかっていう判断……。

こんな難しい正議論が、あっちでもこっちでも、ぶつかってるよね。そのように、どっちをリーダーとして選んで応援するかっていう、一つひとつの判断は、私のところにも、いろいろかかってくるものは多いわな。

綾織　違う観点からお伺《うかが》いします。大川総裁は、最近、「ニュー・ワールド・オーダー（新世界秩序《ちつじょ》）」という言葉を使われていまして、「幸福の科学の発信が、新しい基準になる」ということを述べておられるのですけれども（『国際政治を見る眼』〔幸福の科学出版刊〕参照）、カント先生からご覧になると、それについては、どのように見えるのでしょうか。

カント　うーん……、日本の全体の空気は、そうとう変わってきたような感じを受けてはおりますけども、欧米人《おうべいじん》の後ろから、トコトコと付いてきた日本人が、戦後の荒廃《こうはい》から立ち直って、リーダーまで行けるかどうかっていうのには、かなりの力が要《い》ると思うんだよなあ。テニスで、日本人選手が四大大会を制覇《せいは》するような難しさがあるだろうとは思いますけどねえ。

ただ、一つの試みとしてはいいし、欧米の先進国は、そう簡単には帰依《きえ》しないとは思うけれども、まあ、おそらく、アジア・アフリカの多くの国たちは、日本がリーダーの一角《いっかく》として、自分たちの意見を代弁してくれたり、調整してくれたりすることに対し、それを受け入れる余地を多分に持っていると思う。そういう意味では、たぶん、もっともっと仕事をしてほしいという気持ちがあるだろうね。

9　カントの転生《てんしょう》を探《さぐ》る

過去に明かされた転生《てんしょう》について、本人に訊《き》く

酒井　「カント先生が現代にいらっしゃる」ということはないですよね?

カント　うん?　私が?　(酒井に)「君だ」とか?

酒井　いえ、「君だ」とかではなくて(苦笑)、カント先生が、肉体を持って、地上のどこかに存在されているということはないですよね?

カント　さあ?　そういうことは、一般《いっぱん》には、どうなんだろうね?　まあ、年齢《ねんれい》的

には……。うーん。（死後）二百年か。

酒井　それだけ国際政治に興味がおありならば、学問的にも、何かを打ち立てたいとか……。

カント　なるほどねえ。まあ、そういう可能性もあるのかもしらんけれども、カントはカントであるので。結婚《けっこん》もしないで独身のまま、男の召使《めしつか》いと、まあ、今なら同性愛を疑われるような関係で、この世を終えているからね。現在も、そういう、〝超《ちょう》変人〟の思想家のなかに潜《ひそ》んでいるっていうことだって、ないわけではないかも……。

酒井　ないわけではないですか？

カント　ないわけではないかもしれないが、今のところ、「われはカントなり」と言って出てこれるほどの人は、見当たらない感じだなあ。

酒井　カント先生から、転生輪廻《てんしょうりんね》を語っていただけると、カント思想の新しい一面が……。

カント　ああ、言ってほしかったわけ？

酒井　はい。

カント　ああ、それを言ってほしかったのか。なるほどね。

酒井　ええ。別に、現代でなくてもよいのですけれども、過去世《かこぜ》が預言者ダニエル●

●預言者ダニエル　旧約聖書の『ダニエル書』に登場する預言者。紀元前6世紀の人で、王ネブカドネザルの夢を判断し、バビロニアの運命と他の諸国の勃興を予言した。

であることは事実なのでしょうか（『黄金の法』〔幸福の科学出版刊〕参照）。

カント　知らんね。それは知らん。

酒井　（苦笑）

カント　ダニエルだったら、霊能力《れいのうりょく》ぐらいあるだろうからさあ。（私に）なかったっていうことは、神様に嫌《きら》われたっていうことだから、ちょっと違《ちが》うんじゃない？

磯野　カント先生は、ご生前、違うかたちで、そういう、インスピレーションや啓《けい》示《じ》のようなものを受けていらっしゃらなかったのでしょうか。

カント　まったくなかったね。うん。まったくなかった。

酒井　前回の霊言《れいげん》のときも、そのようなニュアンスで……。

カント　本当に、まったくないね。

まあ、あとは、昼食会でお仲間と談話するときには、インスピレーションを受けて閃《ひらめ》くこともあって……。まあ、私は町から出なかったからさ。有名人とか、いろいろな人が訪《おとず》れてきて、さまざまなことを言ってくれることで啓発されることは、多かったと思うけどねえ。

いや、神はねえ、私に、ちょっとケチをされたんだよ。

自分の転生《てんしょう》について、明言するのを避《さ》けたカント

酒井　では、「ダニエルであった云々《うんぬん》」は抜《ぬ》きとして、カント先生として生まれる前後の転生《てんしょう》を教えていただければ……。

カント　まあ、いちおう、私が生まれたのはキリスト教圏《けん》ということになってるから。私がキリスト教を信じてたかどうかは別として、キリスト教圏ということになっておるので、カントが仏教思想のなかに〝吸い込《こ》まれる〟っていうことは、そんなに、ずっとウェルカムではない……。

酒井　ただ、そのあたりにいらっしゃったのではないかということも……。

磯野　『黄金の法』（前掲《ぜんけい》）などでは、そのようになっています。「観念論哲学《てつがく》の研究者たちの多くは、かつて、仏典の研究をしていた学僧だった」という記述がありますけれども……。

『黄金の法』（幸福の科学出版）
カントについて、ドイツ観念論哲学の本質や、転生などについての記述がある。

カント　ええっ？　はぁ、そういう考えもあるのか。ふーん。なるほどねえ。確かに、仏教のなかには、そういう観念論みたいなものも、ちょっとあることはあるかもしれないねえ。
　まあ、とにかく、思想が難しいからさあ、カントは嫌われてるのよ。だから、訳の分からんことを言って、名を遺《のこ》したやつがおるかどうかを調べてみれば、分かるかもしらんけどもねえ。

酒井　仏教で、ですか。

カント　ええ？　何でもいいけどね。

酒井　（苦笑）一人ぐらい、いかがでしょう。

カント　ここ（幸福の科学）だって、先生（大川隆法）の言ってることはよく分かるけど、先生が生きてるうちでさえ、弟子《でし》たちが書いたり言ったりしてることは、さっぱり分からないこともたくさんあるから、〝カント〟は、すぐ生まれるよ。簡単に生まれてくるからさあ。

酒井　（苦笑）

カント　弟子たちが書いてる幸福の科学の論文なんて、まったく分からないことを書いてるじゃないですか。だから、〝カント〟なんか、すぐ誕生するんだよ。

酒井　ただ、カント先生ご自身にも、転生輪廻はあったわけですよね？

カント　いやあ、それは、神様のお計《はか》らいによることであるので、私にはよく分かりませんがねえ。

酒井　ああ、そうですか。（他の質問者に）ほかに質問はありませんか（他の質問者がうなずく）。

そこを明かしていただけないのであれば、これで終わらせていただきますけれども……。

カント　（転生を）言ったって、いいことは何もないから。

酒井　そうですか。

カント　うん。何にもいいことなんかない。

酒井　分かりました。

カント　たぶん、君たちがメリットを受けることもない。

酒井　メリットについては、まったく気にしていないのですけれども……。

カント　うん。きっと、君たちの敵をやってるような人が生まれ変わったとか言ったら、喜ぶぐらいのことだろうね。ハハハ。

酒井　敵をやっている人……。

カント　まあ、いいわ。誰《だれ》も彼も、同時期に近くにいなきゃいけないっていうこともないでしょう。

酒井　はい。

カント　とにかく、今、私は、そういうふうな仕事をしてるということです。

酒井　はい。本日は、まことにありがとうございました。

10 カントの霊言《れいげん》を終えて

「現代の救世主」を任じるマスコミと、メディア化する宗教

大川隆法　（手を二回叩《たた》く）うーん、まあ、どうですかねえ。孔子《こうし》やデカルト、老子《ろうし》などと話した感じからすると、そこまでの荒唐無稽《こうとうむけい》な無茶《むちゃ》苦茶《くちゃ》度はありませんが、確かに、多少の「現代性」を持っていることは間違《まちが》いないでしょう。

酒井　そうですね。

大川隆法　現代については、ある程度フォローしていますね。

酒井　ただ、少し話していくと、だんだん哲学《てつがく》に入っていきそうな感じがして……。

大川隆法　ああ、そうだね。

酒井　ええ、難しくなっていきそうでした。

大川隆法　相手の知力を見て、もう諦《あきら》めたんじゃないかなあ（笑）。

酒井　（笑）

大川隆法　「難しいことを言ってもしかたがない」と思ったのかもしれません。
ただ、当会としては、「カント哲学の影響力《えいきょうりょく》を超《こ》えられるかどうか」というところが一つあるのでしょう。

また、確かに、宗教の限界についても語ったかもしれません。「宗教の限界」や「現代の原理と合わない部分」ですね。

それと、もう一つ面白《おもしろ》かったのが、「マスコミは、実は、会社レベルで救世主をしているつもりでいる」と言っていたところでしょうか。「現代の救世主」には、なるほどと思いました。それで、当会もメディア化しているところがあるわけですね。まあ、「時代が変わってきた」といえば、そのとおりなのでしょう。

もはや個人戦が難しくなってきているのでしょうか。うーん、なるほど。

「カントの霊言《れいげん》」は新たな啓蒙《けいもう》となりうるか

大川隆法　さあ、この「カントの『啓蒙《けいもう》とは何か』」によって、新たな啓蒙になりましたか（笑）。自分の間違いを訂正《ていせい》して、後進の学者たちを目覚めさせるような何かになったでしょうか。

とにかく、「カントの霊言《れいげん》？　そんなものは信じられません」と言われて、それで終わってしまうので。

酒井　はい。そもそも、霊言を否定するところから、カントなんでしょうけれども……。

大川隆法　そこで終わってしまうのですよ。「すべてが脳みそのなかに存在する」と思っているわけです。まあ、よくも「唯脳論《ゆいのうろん》」などというものが出てきたものです。

酒井　「もしかしたら、ヘレン・ケラーさんのような方が奇跡《きせき》を起こして変えていく」というような話もありましたが……。

大川隆法　うーん。人口が増えたから、確かに、難しくなってきましたね。人口と国の数が増えてきたので、難しくなってきています。

酒井　はい。

今後、カント的な人はどのような立ち位置で出てくるか

大川隆法　ただ、レベル的にはどのあたりでしょうか。今、当会のような宗教のなかにカント的な人がいたとしても、場合によっては、教えを捻《ね》じ曲げていく可能性も十分にあるでしょうね。

酒井　そうですね。

大川隆法　もし、こういう人が指導局長等でいたとしたら、たちまち霊感のない宗

教に変わっていく可能性もないわけではありません（笑）。

酒井　そうですね。

大川隆法　いわゆる理数系的な知性もあるかもしれないのですけれども、必ずしも、それほどウェルカムかどうかは分かりません。まあ、大学をつくることで、何か触《しょく》発《はっ》されるようなものが出てくるかもしれませんがね。

今のところ、私が見渡《みわた》すかぎり、カントの啓蒙に当たるようなものを言っている人がいるかどうかは、ちょっと分かりません。

ただ、私のしていること自体が、今の時代に対する啓蒙であることは確かですが、カント的なアプローチと違うのは明らかです。まあ、私が活動している間は、「カントの仕事」はないのではないでしょうか。たぶん出番はないという感じがします。

立場的には、おそらく、イエスが出たあとに、アウグスチヌスやトマス・アキナスのようなキリスト教哲学者が出てくるような立ち位置で、学問性を高め、普遍性《ふへん》をつくり、ほかに学べるようなものにしていく人かもしれません。

立ち位置的には、漁師の息子《むすこ》のような弟子《でし》ばかりで活動していた宗教から、そういったものに変わっていくところで出てくる人ではないかと思いますので、今すぐに役に立つような人ではないかもしれないですね。そんな感じでしょうか。

今後、幸福の科学大学ができるとして、これが、極《きわ》めてマイナーな大学から、世界に注目される権威《けんい》が出てくるような立ち位置になれば、存在としてはありえるかもしれません。まあ、現時点ではちょっと難しいかなという感じはします。

それでは、そのくらいにしましょう。ありがとうございました。

酒井　はい、ありがとうございました。

あとがき

カントが神や霊・霊界を否定していたわけではないことはお判り頂けたと思う。しかし、「理性のカミソリの刃」でもって、思想の自由を縛る縄を切っていこうと努力していたことが理解されただろう。その行為は、中世的教会権力から学問を自由にしたのと同時に、神仏・霊界・魂から人間の精神活動を遠ざける力をともなったといってよい。近代以降、ある意味で、「預言者は死に絶えた」のだ。

賢明な読者にはもうお判りかと思う。現代日本で、「カント」対「大川隆法」の壮絶な思想戦が繰り広げられていることを。異端審問のガリレオの側に立たされているのは、今度は「宗教」の側なのである。「未来の学問」が成り立つかどうか、それは宗教への尊敬の念にかかっていると言っても過言ではあるまい。

二〇一四年　十月二十八日

幸福《こうふく》の科学《かがく》グループ創始者兼総裁《そうししゃけんそうさい》
幸福《こうふく》の科学大学創立者《かがくだいがくそうりつしゃ》　大川隆法《おおかわりゅうほう》

『カント「啓蒙とは何か」批判』大川隆法著作関連書籍

『黄金の法』(幸福の科学出版刊)
『国際政治を見る眼』(同右)
『デカルトの反省論』(同右)
『霊性と教育――公開霊言 ルソー・カント・シュタイナー――』(同右)
『本当に心は脳の作用か?』(同右)

※左記は書店では取り扱っておりません。最寄りの精舎・支部・拠点までお問い合わせください。
『大川隆法霊言全集 第9巻 ソクラテスの霊言/カントの霊言』
(宗教法人幸福の科学刊)

カント「啓蒙《けいもう》とは何《なに》か」批判《ひはん》

――「ドイツ観念論の祖」の功罪を検証する――

2014年10月29日　初版第1刷

著　者　　大《おお》川《かわ》隆《りゅう》法《ほう》

発行所　　幸福の科学出版株式会社
〒107-0052 東京都港区赤坂2丁目10番14号
TEL(03)5573-7700
http://www.irhpress.co.jp/
印刷・製本　株式会社 東京研文社

落丁・乱丁本はおとりかえいたします

ISBN978-4-86395-586-8 C0010

大川隆法 霊言シリーズ・哲学者・思想家の霊言

霊性と教育

公開霊言 ルソー・カント・シュタイナー

なぜ、現代教育は宗教心を排除したのか。天才を生み出すために何が必要か。思想界の巨人たちが、教育界に贈るメッセージ。

1,200円

ハンナ・アーレント スピリチュアル講義 「幸福の革命」について

英語霊言 日本語訳付き

全体主義をくつがえす「愛」と「自由」の政治哲学とは? かつてナチズムと戦った哲学者ハンナ・アーレントが、日本と世界の進むべき方向を指し示す。

1,400円

超訳霊言 ハイデガー「今」を語る 第二のヒトラーは出現するか

全体主義の危険性とは何か? 激変する世界情勢のなかで日本が進むべき未来とは? 難解なハイデガー哲学の真髄を、本人が分かりやすく解説!

1,400円

※表示価格は本体価格(税別)です。

大川隆法霊言シリーズ・**無神論・唯物論を打破する**

フロイトの霊言

神なき精神分析学は
人の心を救えるのか

人間の不幸を取り除くはずの精神分析学。しかし、その創始者であるフロイトは、死後地獄に堕ちていた――。霊的真実が、フロイトの幻想を粉砕する。

1,400円

公開霊言
ニーチェよ、
神は本当に死んだのか？

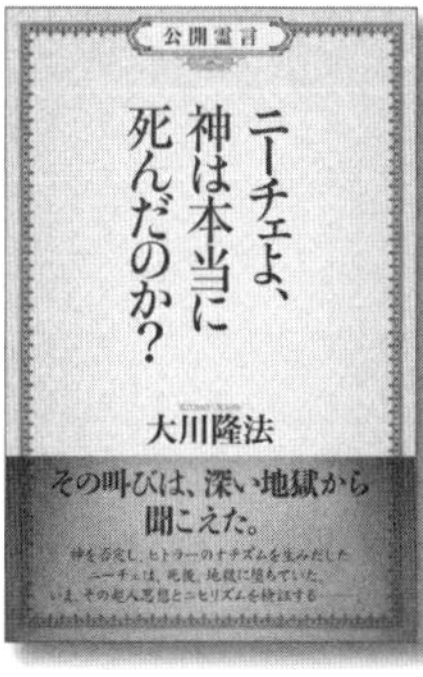

神を否定し、ヒトラーのナチズムを生み出したニーチェは、死後、地獄に堕ちていた。いま、ニーチェ哲学の超人思想とニヒリズムを徹底霊査する。

1,400円

マルクス・毛沢東の
スピリチュアル・メッセージ

衝撃の真実

共産主義の創唱者マルクスと中国の指導者・毛沢東。思想界の巨人としても世界に影響を与えた、彼らの死後の真価を問う。

1,500円

大川隆法ベストセラーズ・幸福論シリーズ

ソクラテスの幸福論

諸学問の基礎と言われる哲学には、必ず〝宗教的背景〟が隠されている。知を愛し、自らの信念を貫くために毒杯をあおいだ哲学の祖・ソクラテスが語る「幸福論」。

1,500円

ヒルティの語る幸福論

人生の時間とは、神からの最大の賜りもの。「勤勉に生きること」「習慣の大切さ」を説き、実業家としても活躍した思想家ヒルティが語る「幸福論の真髄」。

1,500円

アランの語る幸福論

人間には幸福になる「義務」がある──。人間の幸福を、精神性だけではなく科学的観点からも説き明かしたアランが、現代人に幸せの秘訣を語る。

1,500円

※表示価格は本体価格(税別)です。

大川隆法ベストセラーズ・幸福の科学「大学シリーズ」

「比較幸福学」入門

知的生活という名の幸福

ヒルティ、アラン、ラッセルなど、「幸福論」を説いた人たちは、みな「知的生活者」だった！ 彼らの思想を比較分析し、幸福とは何かを探究する。

1,500円

西田幾多郎の「善の研究」と幸福の科学の基本教学「幸福の原理」を対比する

既存の文献を研究するだけの学問は、もはや意味がない！ 独創的と言われる「西田哲学」を超える学問性を持った「大川隆法学」の原点がここに。

1,500円

神秘学要論

「唯物論」の呪縛を超えて

神秘の世界を探究するなかに、人類の未来を拓く「鍵」がある。比類なき霊能力と知性が可能にした「新しき霊界思想」がここに！

1,500円

法哲学入門

法の根源にあるもの

ヘーゲルの偉大さ、カントの功罪、そしてマルクスの問題点——。ソクラテスからアーレントまでを検証し、法哲学のあるべき姿を探究する。

1,500円

Noblesse《ノーブレス》 Oblige《オブリージ》

「高貴なる義務」を果たす、
「真のエリート」を目指せ。

幸福の科学学園
中学校・高等学校（那須本校）

Happy Science Academy Junior and Senior High School

私は、
教育が人間を創ると
信じている一人である。
若い人たちに、
夢とロマンと、精進、
勇気の大切さを伝えたい。
この国を、全世界を、
ユートピアに変えていく力を
出してもらいたいのだ。

（幸福の科学学園 創立記念碑より）

幸福の科学学園 創立者
大川隆法

幸福の科学学園（那須本校）は、幸福の科学の教育理念のもとにつくられた、男女共学、全寮制の中学校・高等学校です。自由闊達な校風のもと、「高度な知性」と「徳育」を融合させ、社会に貢献するリーダーの養成を目指しており、2014年4月には開校四周年を迎えました。

Noblesse《ノーブレス》 Oblige《オブリージ》

「高貴なる義務」を果たす、
「真のエリート」を目指せ。

2013年 春 開校

幸福の科学学園 関西中学校・高等学校

Happy Science Academy
Kansai Junior and Senior High School

私は日本に
真のエリート校を創り、
世界の模範としたい
という気概に満ちている。
『幸福の科学学園』は、
私の『希望』であり、
『宝』でもある。
世界を変えていく、
多才かつ多彩な人材が、
今後、数限りなく
輩出されていくことだろう。

（幸福の科学学園関西校 創立記念碑より）

幸福の科学学園 創立者

大川隆法

滋賀県大津市、美しい琵琶湖の西岸に建つ幸福の科学学園（関西校）は、男女共学、通学も入寮も可能な中学校・高等学校です。発展・繁栄を校風とし、宗教教育や企業家教育を通して、学力と企業家精神、徳力を備えた、未来の世界に責任を持つ「世界のリーダー」を輩出することを目指しています。

幸福の科学学園・教育の特色

「徳ある英才」の創造

教科「宗教」で真理を学び、行事や部活動、寮を含めた学校生活全体で実修して、ノーブレス・オブリージ(高貴なる義務)を果たす「徳ある英才」を育てていきます。

体育祭

天分を伸ばす「創造性教育」

教科「探究創造」で、偉人学習に力を入れると共に、日本文化や国際コミュニケーションなどの教養教育を施すことで、各自が自分の使命・理想像を発見できるよう導きます。さらに高大連携教育で、知識のみならず、知識の応用能力も磨き、企業家精神も養成します。芸術面にも力を入れます。

探究創造科発表会

一人ひとりの進度に合わせた「きめ細やかな進学指導」

熱意溢れる上質の授業をベースに、一人ひとりの強みと弱みを分析して対策を立てます。強みを伸ばす「特別講習」や、弱点を分かるところまでさかのぼって克服する「補講」や「個別指導」で、第一志望に合格する進学指導を実現します。

授業の様子

自立心と友情を育てる「寮制」

寮は、真なる自立を促し、信じ合える仲間をつくる場です。親元を離れ、団体生活を送ることで、縦・横の関係を学び、力強い自立心と友情、社会性を養います。

毎朝夕のお祈りの時間

幸福の科学学園の進学指導

1 英数先行型授業

受験に大切な英語と数学を特に重視。「わかる」(解法理解)まで教え、「できる」(解法応用)、「点がとれる」(スピード訓練)まで繰り返し演習しながら、高校三年間の内容を高校二年までにマスター。高校二年からの文理別科目も余裕で仕上げられる効率的学習設計です。

2 習熟度別授業

英語・数学は、中学一年から習熟度別クラス編成による授業を実施。生徒のレベルに応じてきめ細やかに指導します。各教科ごとに作成された学習計画と、合格までのロードマップに基づいて、大学受験に向けた学力強化を図ります。

3 基礎力強化の補講と個別指導

基礎レベルの強化が必要な生徒には、放課後や夕食後の時間に、英数中心の補講を実施。特に数学においては、授業の中で行われる確認テストで合格に満たない場合は、できるまで徹底した補講を行います。さらに、カフェテリアなどでの質疑対応の形で個別指導も行います。

4 特別講習

夏期・冬期の休業中には、中学一年から高校二年まで、特別講習を実施。中学生は国・数・英の三教科を中心に、高校一年からは五教科でそれぞれ実力別に分けた講座を開講し、実力養成を図ります。高校二年からは、春期講習会も実施し、大学受験に向けて、より強化します。

5 幸福の科学大学(仮称・設置認可申請中)への進学

二〇一五年四月開学予定の幸福の科学大学への進学を目指す生徒を対象に、推薦制度を設ける予定です。留学用英語や専門基礎の先取りなど、社会で役立つ学問の基礎を指導します。

授業の様子

仏法真理塾

サクセスNo.1

未来の菩薩を育て、仏国土ユートピアを目指す！

サクセスNo.1 東京本校（戸越精舎内）

仏法真理塾「サクセスNo.1」とは

宗教法人幸福の科学による信仰教育の機関です。信仰教育・徳育にウエイトを置きつつ、将来、社会人として活躍するための学力養成にも力を注いでいます。

「サクセスNo.1」のねらいには、「仏法真理と子どもの教育面での成長とを一体化させる」ということが根本にあるのです。

大川隆法総裁　御法話「『サクセスNo.1』の精神」より

エンゼルプランV

信仰教育をベースに、知育や創造活動も行っています。

信仰に基づいて、幼児の心を豊かに育む情操教育を行っています。また、知育や創造活動を通して、ひとりひとりの子どもの個性を大切に伸ばします。お母さんたちの心の交流の場ともなっています。

TEL 03-5750-0757　FAX 03-5750-0767
メール angel-plan-v@kofuku-no-kagaku.or.jp

ネバー・マインド

不登校の子どもたちを支援するスクール。

「ネバー・マインド」とは、幸福の科学グループの不登校児支援スクールです。「信仰教育」と「学業支援」「体力増強」を柱に、合宿をはじめとするさまざまなプログラムで、再登校へのチャレンジと、進路先の受験対策指導、生活リズムの改善、心の通う仲間づくりを応援します。

TEL 03-5750-1741　FAX 03-5750-0734
メール nevermind@happy-science.org

ユー・アー・エンゼル!(あなたは天使!)運動

障害児の不安や悩みに取り組み、ご両親を励まし、勇気づける、障害児支援のボランティア運動です。学生や経験豊富なボランティアを中心に、全国各地で、障害児向けの信仰教育を行っています。保護者向けには、交流会や、医療者・特別支援教育者による勉強会、メール相談を行っています。

TEL 03-5750-1741　FAX 03-5750-0734
メール you-are-angel@happy-science.org

シニア・プラン21

生涯反省で人生を再生・新生し、希望に満ちた生涯現役人生を生きる仏法真理道場です。週1回、開催される研修には、年齢を問わず、多くの方が参加しています。現在、全国8カ所(東京、名古屋、大阪、福岡、新潟、仙台、札幌、千葉)で開校中です。

東京校 TEL 03-6384-0778　FAX 03-6384-0779
メール senior-plan@kofuku-no-kagaku.or.jp

入会のご案内

あなたも、幸福の科学に集い、ほんとうの幸福を見つけてみませんか？

幸福の科学では、大川隆法総裁が説く仏法真理をもとに、「どうすれば幸福になれるのか、また、他の人を幸福にできるのか」を学び、実践しています。

入会

大川隆法総裁の教えを信じ、学ぼうとする方なら、どなたでも入会できます。入会された方には、『入会版「正心法語」』が授与されます。（入会の奉納は1,000円目安です）

ネットでも**入会**できます。詳しくは、下記URLへ。
happy-science.jp/joinus

三帰《さんき》誓願《せいがん》

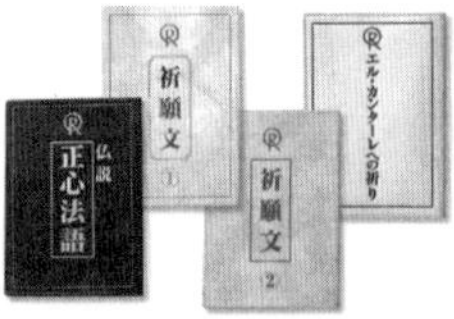

仏弟子としてさらに信仰を深めたい方は、仏・法・僧の三宝への帰依を誓う「三帰誓願式」を受けることができます。三帰誓願者には、『仏説・正心法語』『祈願文①』『祈願文②』『エル・カンターレへの祈り』が授与されます。

植福《しょくふく》の会

植福は、ユートピア建設のために、自分の富を差し出す尊い布施の行為です。布施の機会として、毎月1口1,000円からお申込みいただける、「植福の会」がございます。

「植福の会」に参加された方のうちご希望の方には、幸福の科学の小冊子（毎月1回）をお送りいたします。詳しくは、下記の電話番号までお問い合わせください。

月刊「幸福の科学」

ザ・伝道

ヤング・ブッダ

ヘルメス・エンゼルズ

INFORMATION
幸福の科学サービスセンター
TEL. 03-5793-1727（受付時間 火〜金：10〜20時／土・日：10〜18時）
宗教法人 幸福の科学 公式サイト **happy-science.jp**